경영자도 살고, 회사도 살고, 직원도 사는

몽키 비즈니스

경영자도 살고, 회사도 살고, 직원도 사는

몽키 비즈니스

윌리엄 언컨 3세 지음 | 한창수 옮김

예지
Wisdom Publishing

몽키 비즈니스

저자 윌리엄 언컨 3세
번역 한창수

1판 1쇄 인쇄 2011. 11. 1
개정판 2쇄 발행 2026. 1. 15.

펴낸곳 예지 | **펴낸이** 김종욱
편집 디자인 예온

등록번호 제 1-2893호 | **등록일자** 2001. 7. 23.
주소 경기도 고양시 일산동구 호수로 662
전화 031-900-8061(마케팅), 8060(편집) | **팩스** 031-900-8062

ISBN 979-11-87895-56-5 03320

예지의 책은 오늘보다 나은 내일을 위한 선택입니다.

여유로운 경영을 위하여

원숭이를 죽이고 프로 경영자가 되라

이 책은 우리가 일상에서 흔히 접할 법한 상황을 익살스럽게 다루고 있어 재미있고도 쉽게 읽힌다. 이 책의 바탕에 깔려있는 사고는 아무리 큰 문제일지라도 그 시작은 매우 작은 것에서 비롯될 수 있다는 것이다. 저자는 의식의 흐름을 좇아가는 방식으로 등장인물 각각의 심리를 치밀하게 기술하고 있다.

저자인 언컨은 삶의 행간을 읽는 독특한 눈을 가진 인물이다. 그는 우리의 일상적인 대화와 행동의 이면에 숨겨진 의미를 하나하나 폭로하는 방식으로 프로 관리자의 요건을 찾아나간다.

저자에 의하면 우리의 조직생활이란 일종의 심리전이다. 우리는 마치 게임을 하듯 자신의 이익을 위해 끊임없이 타인과 교섭하고 있다. 관리자는 바로 이러한 심리전의 전 과정에서 부하들의 머리 위에 앉아 있어야 한다.

그러나 이것은 쉬운 일이 아니다. 만일 관리자가 이렇게만 할 수 있다면 그들은 부하들을 만족시키고 그들로부터 존경을 받으며 가족과 함께 여유로운 시간을 즐긴다. 그러나 실제 대부분의 관리자들은 그렇지 못하다.

그들은 대개 부하들보다 바쁘다. 때론 '눈썹이 휘날리게' 복도와 사무실을 뛰어다니며 퇴근시간 이후는 물론 주말까지 반납해 가며 일을 해도 밀려드는 업무를 다 처리하지 못하기가 일쑤이다.

반면 부하들은 항상 업무로부터 빠져나갈 기회만을 찾는 듯이 보인다. 그들은 늘 시계를 쳐다보며 퇴근시간만을 기다리는 것 같다. 이렇게 되면 관리자들의 마음속에는 피해의식이 생겨나고 마침내 조직 내의 인간관계마저 뒤틀리고 만다.

저자인 언컨은 오늘날 회사조직에 널리 퍼져 있는 이같은 병폐가 그야말로 '사소한' 관리자의 말 한마디, 행동 하나에서 비롯되었다고 주장한다. 그는 우리가 일상생활에서 흔히 사용할 법한 문장과 행동을 섬세하게 분석하여 문제의 핵심에 접근한다. 일상적인 것에 대한 저자의 섬세한 집착은 그야말로 예술적이어서 감탄을 금할 수 없다.

저자는 기업에서 직원들이 흔히 하는 일을 원숭이에 비유하고 있다. 그래서 그런지 이 책은 매우 진지한 주제를 다루고 있음에도 불구하고 익살맞은 느낌을 준다.

저자의 눈에 회사란 다양한 종류의 원숭이를 돌보고 키우는 '원숭이 동물원'이다. 이곳에서 임직원들은 아침부터 저녁까지 '원숭이 떠넘기기' 게임을 하고 있다. 이 게임에서 지는 사람은 시간이 부족하여 허덕이게 되고 이 게임의 승자는 남아도는 시간을 개인적으로 느긋하게 활용할 수가 있다.

그런데 이 게임은 교묘한 룰에 따라 진행될 뿐 아니라 눈에 드러나지 않는 특성이 있어 게임을 하면서도 그 실체를 이해하기가 쉽지 않다. 언컨은 바로 이 게임의 구조를 상세히 분석하여 우리 눈앞에 명확하게 드러나도록 하고 있다.

이 책은 '원숭이 떠넘기기' 게임에서 늘 부하들에게 패배하곤 하는 한 관리자가 우연한 계기로 이 게임의 실체를 파악하게 되어 프로 관리자로 재탄생하는 줄거리로 되어있다. 특히 5장과 6장에서 네 명의 부하들에게 압박당하는 관리자의 신세를 묘사한 대목은 가히 압권이다. 조직 생활을 하는 사람 치고 이 대목에 공감하지 않을 사람은 아무도 없을 것이다. 누구나 한두 번쯤은 이런 경험을 겪어 보게 마련이니까.

사실 밀린 업무 때문에 휴일 오전에도 회사에 나와 사무실에서 서성이며 한숨 짓는 직장인은 감옥에 갇힌 수인과 다를 바 없다. 더욱이 자기가 밑에 거느리고 있는 부하들은 골프장의 그린 위에서 낄낄거리며 시간을 즐기고 있는데, 자신은 어두운 사무실에서 서류에 묻혀 한숨을 짓고 있으니 이게 말이 되는가.

주인공은 그 회사에서 15년이나 걸려 뼈빠지게 노력하여 승진 코스를 밟아왔으나 상황은 달라진 것이 없다. 매일 상사, 동료, 부하들은 전화, 문서, 팩스, 음성메일, 이메일 등으로 쉴 새 없이 일거리를 안겨 준다. 집안 일도 제쳐놓고 일에만 매달려 보지만 언제나 일을 쫓아가지 못해 허덕인다. 저자는 이것이 부하들을 올바르게 통솔하지 못하는 관리자의 비애라고 규정한다. 모든 비극은 여기에서 시작되는 것이다.

저자는 우리의 일상적인 대화들에 대한 심층적 분석까지 곁들여 '원숭이 떠넘기기' 게임을 자상하게 설명하고 있다. 그래서 문장 한줄한줄이 재미있다. 사실 이것은 남의 이야기가 아니다. 우리 모두가 매일 참여하고 있는 게임인 것이다. 이 책을 읽는 독자들이 이 책에 쓰인 대로만 하면 성공할 것 같은 예감을 갖게 되는 것은, 저자의 표현이 너무도 익살맞고 자신감에 넘치기 때문이 아닌가 생각된다.

한창수

차례

3 지능적인 원숭이

4 누구의 원숭이인가?

5 원숭이 관리

6 아마추어에서 프로로의 변신

7 원숭이에게 주인 찾아주기

8 원숭이+자유=권한위양

9 원숭이와 고릴라를 돌보는 6가지 룰

에필로그: 프로 경영자의 부하육성법

등에 올라탄 원숭이 길들이기

어느 조직에서건 관리자의 상사, 동료, 부하는 그들이 관리자의 활동을 지원하는 대가로 관리자에게 뭔가를 요청하게 마련이다. 물론 관리자도 때로 그들의 활동을 지원하는 대신 그들로부터 뭔가를 요청한다.

그런데 많은 관리자들의 경우 본업에 들이는 시간에 비해 이러한 외부 요청들을 해결해 주는 데 들이는 시간의 비중이 매우 크므로 이러한 외부 요청, 즉 '등에 올라탄 원숭이'를 얼마나 효과적으로 처리하느냐에 리더십의 성패가 좌우된다고 해도 과언이 아니다.

관리자들은 이러한 딜레마를 해결해 나가는 과정에서 원숭이(다음에 취해져야 할 과업행동)를 보살피고 양육하는 일이 자신을 보좌하는 스탭진의 과업이 되어야 함을 고통스레 체득한다.

만일 이것이 안 되면 관리자는 부하들의 일을 도맡아 하는 상황에 빠지게 되는데, 그러는 동안 부하들은 회사와 경영층의 이익은 도외시한 채 자신들만의 기분전환을 즐기고 있을 것이다.

당신은 이 '원숭이 길들이기'의 이야기를 읽어나가는 동안 자신을 상사나 관리자 또는 평사원의 자리에 놓아볼 수 있을 것이며 그럼으로써 이들이 안고 있는 고유한 문제점을 짚어볼 수 있게 될 것이다. 그리고 마침내는 당신과 함께 일해야 할 사람들과 관련한 바람직한 해결책을 이끌어 낼 수 있게 될 것이다.

Monkey Business

1

성공을 위한 무대 마련

매일 퇴근할 무렵이 되면 관리자나 조직의 리더들은 당혹스런 기분이 되어 이렇게 자문하곤 한다. "도대체 왜 이렇게 시간이 없지?"

자신들의 일자리를 유지하고 싶어하는 이 헌신적이고 사려 깊은 사람들은 이 질문에 대해 정확한 대답을 듣고 싶어하지는 않을 것이다. 나중에 알게 되겠지만, 그것은 상당한 모험이기 때문이다. 그러나 위의 질문에 대한 정확한 대답(또는 치유책)이야말로 관리자와 일반직원, 그리고 조직의 성공과 실패를 좌우하는 관건이다.

프로 경영자의 역할

관리자란 개인적인 시간과 노력(또는 노동)을 직접 투입하기보다는 주로 자신들의 판단과 영향력을 통해 조직에 기여하는 사람들을 말한다. 회사의 전체 인력규모에서 이들이 차지하는 비중은 그리 크지 않음에도 불구하고 회사의 성공에 결정적인 영향을 미친다.

이들이 시간을 어떻게 관리하느냐 하는 문제는 직접적인 시간과 노력의 투입으로 조직의 성과를 만들어 내는 일반직원의 시간관리와는 그 성격이 질적으로 다르다.

일반직원들의 시간관리란 '적은 시간에 보다 많은 일'을 하는 데 초점이 맞춰져 있을 뿐이다. 여기서 중요한 것은 자기조직화, 자기훈련 그리고 자기평가의 방법이다. 그리고 이러한 방법은 판매원, 회계사, 산업공학자, 디자이너, 저술가, 품질관리사, 택시기사, 개업의, 중소기업가, 농부 및 기타 전문직업에 종사하는 사람들에게도 대체로 잘 적용된다.

왜냐하면 이들의 최종적 수익은 바로 자신들이 산출해 낸 결과물이기 때문이다. 이 경우 적용가능한 원칙은 '해야 할 일에 대해 계획을 수립하고, 계획한 것을 실행하라'이다.

이와는 반대로 관리자들의 최종적 수익은 그들의 판단과 영향력으로 통제가능한 조직 내외의 다양한 인력이 집단적으로 산출해 낸 결과물에 좌우된다. 관리자의 시간관리는 그들이 내리는 판단, 그리고 자신들이 발휘하는 영향력의 효과를 극대화하려는 데 초점이 맞춰진다.

관리자는 최우선적으로 타이밍과 관리에 들이는 시간을 적절히 통제함으로써 올바른 판단을 하는 데 필요한 여유시간을 확보하여야만 한다.

시간은 어디로 가는가

관리시간이란 관리자들이 조직 내외부의 이해관계자들과 접촉하는 데 들이는 시간을 의미한다. 관리자의 관리시간은 다음의 네 가지 요소를 포함한다. 그러나 물론 이것이 전부는 아니다.

상사로 인한 시간—상사가 요청한 활동을 하는 데 필요한 시간. 이것을 소홀히 했다가는 즉각적이고 직접적으로 벌칙을 받게 된다.

시스템으로 인한 시간—동료들이 요청한 활동을 하는 데 필요한 시간. 이러한 요청도 무시하기란 쉽지 않다. 무시하면 즉각적이고 신속하지는 않더라도 거의 언제나 벌칙이 따르기 때문이다.

자기로 인한 시간—관리자 자신의 과제를 하는 데 필요한 시간으로 '자기부과시간'이라고도 불린다. 그리고 남는 시간은 '여유시간'이다. 자기부과시간은 공식적인 벌칙과 관련이 없다. 왜냐하면 상사도, 시스템도 관리자가 애초에 무엇을 하려 했는지 알지 못하기 때문에 이것을 규율할 수는 없기 때문이다.

그러나 여기에도 비공식적이나마 매우 미묘하고도 무시할 수 없는 벌칙이 존재한다. 자기부과시간을 제대로 활용하지 못한 관리자는 부하들과 서먹한 관계가 되거나 자신과 가족을 위해 거의 시간을 낼 수 없는 지경에 이르고 마는 것이다.

외부요인으로 인한 시간—고객, 투자자, 노조, 공급자, 정부기관, 지역사회 등 조직 외부 주체들의 요구를 채워 주는 데 필요한 시간. 만일 우리가 이들의 요청을 무시한다면 이들도 우리를 무시할 것이다. 이렇게 되면 만사휴의(萬事休矣)인데, 즉 회사 문을 닫게 된다는 뜻이다.

딜레마

상사로 인한 시간과 시스템으로 인한 시간은 자신과 조직의 과업을 보다 혁신적이고 효율적으로 만들고자 하는 관리자들에게 심각한 딜레마를 초래한다.

1. 복종

상사는 복종을 요구하는 경향이 있다. 사실 조직에는 복종이 필요하다. 그렇지 않으면 리더십과 조직의 위계질서는 땅에 떨어지고 말 것이다. 어떤 이들은 때로 일을 수행하는 과정에서 상사를 '넘어서는' 일도 필요하다고 생각한다. 이론이나 모델이 정립되어 있지 않은 불분명한 일들을 처리하는 과정에서는 불복종이라는 오명을 쓰더라도 혁신적으로 행동하지 않으면 안 된다는 것이다[군대에서는 이러한 행위를 항명(抗命)이라고 부르겠지만 말이다].

2. 순응

시스템은 순응을 요구한다(이것은 종종 조직의 목표가 개인의 그것에 우선하는 것으로 표현된다). 시스템에 속한 개인은 순응해야 한다. 그렇지 않으면 기업의 팀웍이 훼손된다. 이 점에 있어서도 일부 사람들은 일을 제대로 하려면 때로 시스템을 짓뭉개는 일이 필요하다고 생각한다. 이론적 모델이 정형

화되어 있지 않은 과업을 수행할 경우는 비록 불순응자로 낙인찍히는 위험을 무릅쓰더라도 혁신적으로 행동해야 한다는 것이다[이러한 아마추어적인 행동을 즐기는 인물들을 지칭하는 용어는 매우 많은데, 프리마돈나, 독불장군, 매버릭(maverick. 소유자 표시의 낙인이 없는 소를 일컫는 말로, 어느 파에도 속하지 않는 사람을 말한다; 편집자), 자유혼(魂), 창조적 타입 등이 그것이다].

3. 혁신

그럼에도 조직은 모든 직무범위 수준에서 상하좌우의 혁신을 수용하지 않으면 안 된다. 이것이 안 되면 생존을 위한 적응력이 미흡한 상태에 빠지게 되는 것이다. 그렇다면 어떤 방법으로 조직은 혁신적이면서도 동시에 위계질서와 팀웍을 유지할 수가 있을까?

이러한 딜레마를 풀어 가는 과정에서 관리자는 주변의 오해를 받게 되는데, 한편으로는 혁신을 바라지만 다른 한편으로는 그것을 도저히 참을 수 없어 하는 모습으로 비쳐지기 때문이다.

간단하기 이를 데 없는 원숭이 전략

관리시간을 제대로 활용하고 여유시간을 창출하기 위해 관리자는 자신들이 하고 있는 일의 타이밍과 내용을 완전히 통제할 수 있어야 한다. 상사와 시스템으로 인해 소요되는 시간은 벌칙을 수반하므로 임의로 건드릴 수가 없다. 그러므로 관리자는 앞서 말한 자기로 인한 시간을 적절히 활용하는 방안을 모색하여야 한다.

관리자의 전략은 자기로 인한 시간 중에서 부하들에 의해 소진되는 부분('윗방향으로 이루어지는 업무 위양'을 뜻함)을 최소화함으로써 여유롭게 활용할 수 있는 시간을 증대시키는 데 초점이 맞춰져야 한다. 이렇게 증대된 여유시간은 상사와 시스템이 요청하는 활동을 하는 데 투입될 수 있으므로 관리자는 (1)그들의 능력에 대한 상사의 신임을 돈독하게 하고 (2)동료들 및 지원그룹과 협조적인 관계를 구축할 수 있게 된다.

원숭이의 습성 파악

원숭이의 습성을 파악하기 위해 우선 당신은 원숭이가 무엇인지 누가 원숭이를 갖고 있는지부터 알아야 한다.

원숭이는 무엇인가?

원숭이는 두 당사자의 대화가 끝났을 때 실행에 옮겨질 다음 행동을 의미한다. 원숭이는 문제나 프로젝트, 프로그램 또는 기회 따위가 아니다. 원숭이는 문제를 해결하거나 프로그램 또는 프로젝트를 진척시키기 위해, 또는 기회를 추구하기 위해 다음 번에 이루어져야 할 주도적 행위, 행동을 뜻한다. 당신이 업무와 관련하여 누군가와 협의를 할 때 대부분의 경우 협의가 끝나는 순간 뭔가 다음 행동이 따르게 된다.

이제 나는 원숭이라는 은유가 종래 사용되었던 관리용어와 어떤 면에서 일치하는지를 말해 보겠다. 내가 '원숭이'라고 부르는 것을 종래 관리자들은 '과제'라 불렀다. 그들은 과제를 '주어진 시점과 장소에서 수행되어야 할 그 어떤 책임'이라고 정의한다.

그러므로 만일 내가 당신에게 회계에 대해 말해 보라고 요청한다면 그것은 과제이다. 편지를 쓰라고 한다면 그것도 역시 과제이다. 전화를 하라고 하는 것도 과제가 될 수 있으며 이틀간 출장을 다녀오라고 지시하는 것도 과제이다. 왜? 그것들은 모두 일정한 시점과 장소에서 수행되어야 하기 때문이다. 이러한 것들은 내가 정의한 '원숭이' 즉 '다음 행동'과 일치한다고 볼 수 있다.

이제 '고릴라'라는 말이 기존의 관리용어 중 어떤 것과 대응하는지 알 수 있겠는가? 바로 프로젝트이다. 프로젝트는 특정 시점과 장소에서 수행될 수 있는 성격이 아니기 때문이다. 프로젝트는 하나 이상의 국면 속에서 지속적으로 이루어지는 프로세스인 것이다.

그렇다면 프로젝트와 과제의 관계는 무엇인가? 학문적으로 프로젝트는 많은 과제들이 잇대어 놓여진 총합으로 이해된다. 사람들이 인과관계라는 자연법칙을 재발견한 것은 르네상스 시대였다. 만일 당신이 여기서 저기로 이동하려 한다면 여러 가지 작은 '다음 행동들'을 실행해야 할 것이다. 이와 마찬가지로 내가 사용하는 고릴라라는 말은 조그만 원숭이들 여러 마리가 '코부터 꼬리'를 잇대어 연결된 총합을 의미한다.

그러나 원숭이를 정의하는 것만으로는 충분치 않다. 원숭이의 속성에 관해 두 번째로 중요한 사항을 알아 두지 않으면 안 된다. 이 점이 분명치 않으면 원숭이를 제대로 관리할 수가 없다.

누가 원숭이를 갖고 있는가?

모든 원숭이는 두 부분으로 되어있다. 실행해야 할 부분과 감독해야 할 부분이 그것이다. 여기서 핵심적인 사항은 누가 다음 행동을 취하게 되는가이다. 다음 행동을 하게 되는 사람이 바로 원숭이를 소유한 사람이다. 이러한 점을 생각하기만 하면 언제라도 당신은 원숭이를 즉각 알아볼 수 있다.

'누가 원숭이를 갖고 있는가'라는 질문은 항상 명확하게 표현되어야 한다. 그렇지 않으면 다음 행동을 누가 하는지, 심지어 다음 행동이 무엇인지조차 불분명하게 되고 만다. 이렇게 되면 아무것도 되는 일이 없게 되거나 되더라도 엉뚱한 사람에 의해 되어지는 경우가 발생한다. 관리자는 올바른 일이 올바른 사람에 의해 수행되도록 제대로 관리할 때에만 월급을 받을 자격이 있는 것이다.

부하로 인한 시간이란 무엇인가?

위로 뛰어오르는 원숭이(상사에게 위임되는 다음 행동)는 부하로 인한 시간의 대표적인 예인데, 당신의 여유시간은 대개 바로 이것 때문에 줄어들게 된다. 부하로 인한 시간은 부하의 등에 얹혀 있던 원숭이가 성공적으로 관리자의 등으로 뛰어오르는 순간 발생하는데, 그 원숭이는 본래의 주인에게로 인계되지 않는 한 계속 그곳에 머문다.

5단계 자유수준

행위의 자유는 권한과 주도권의 정도에 따라 다양하다. 관리자의 주도권은 상사와 시스템과의 관계 속에서 5가지 단계로 나누어진다.

(5) 자유롭게 행동하고 일상적으로 보고한다(최고수준).
(4) 행동한다, 그러나 '즉시' 보고한다('즉시'라는 말은 '일상적으로'라는 표현보다 더 빈번함을 뜻한다).
(3) 제안한다, 그리고 그것을 행동으로 옮긴다.
(2) 무엇을 할지 묻는다.
(1) 지시가 있을 때까지 기다린다(최하수준).

당신의 부하들이 자유수준 척도 (1)과 (2)에서 행동한다면 부하들로 인한 시간은 피할 길이 없다. 부하들이 생각하고 계획하고 문제를 푸는 것에 당신의 시간을 들여야만 된다는 뜻이다. 그것은 당신의 부하들로부터 요구되는 시간이다. 이로 인해 당신은 여유시간을 뺏기게 될 것이다.

부하들이 자유수준 척도 (1)과 (2)수준에서 활동할 때 그들은 당신의 목에 감긴 닻처럼 느껴지는 데 반해 자유수준 척도 (3)에서는 몇 가지 긍정적인 일들이 벌어진다. 당신은 그들의 사고력을 활용할 수가 있다. 그들은 스스로 행동하기 시작한다. 스스로 아이디어를 형성할 뿐 아니라 당신에게 제시하게 되므로 당신은 점차 그들의 능력을 신뢰하게 된다.

이러한 일이 진전되면 당신은 점점 더 많은 책임을 그들에게 위임하게 되어 마침내 그들은 자유수준 척도 (4)와 (5)의 수준에 이르게 된다. 그들은 당신이 설정한 가이드라인 내에서 스스로 목표를 수립하고 관리한다. 이렇게 되면 당신에게도 매우 유리한데 부하들을 감독하느라 여유시간을 사용할 필요가 없기 때문이다.

다음 장에서는 부하부과시간이 왜 발생하는지 그리고 그 치유책은 무엇인지를 살펴보겠다.

2 당신은 원숭이를 끌어당기는 자석인가?

관리자들은 모두 한정된 자기부과시간을 가지고 있을 뿐인데, 많은 경우 그 중 상당한 부분이 부하로 인한 시간이 되고 만다. 즉 그들의 질문에 응답하거나 그들이 해야 할 일들에 대해 생각하느라 시간을 쓰고 만다. 이것이 여유시간을 거의 가질 수 없는 이유이다.

그러므로 부하로 인한 시간을 최소화할 수 있는 요령을 익힌 사람이야말로 여유시간을 극대화하여 그 밖의 업무와 개인적인 용도로 활용할 수 있게 된다.

부하로 인한 시간을 (완전히 제거하지는 못하더라도) 줄일 수 없다면 우리는 대학에서나 할 법한 연구과제에 다시금 매달리지 않을 수 없을 것이다. "왜 부하들은 항상 일에서 벗어날 궁리만 하는 반면, 관리자들은 시간이 부족하여 허덕이는가?" 이 의미심장한 질문에 대답을 주기 위해 나는 모든 관리자들이 일상 속에서 접할 수 있는 몇 가지 사례를 통해 보다 구체적인 상황 속에서 원숭이를 정의해 보겠다.

상황 1 : "좀 생각해 보고 알려 주겠소."

월요일 오전 10시, 당신은 여유롭게 회사 내 복도를 걷고 있다. 나는 당신이 어떻게 해서 이처럼 여유시간을 갖게 되었는지는 모른다. 그러나 한 가지 확실한 것은 여유시간을 확보하고 있다는 사실이 당신이 사내에서 매우 창조적이고 상상력이 풍부하며 혁신적 감각과 열정, 그리고 뱃심까지도 소유한 인물로 통한다는 것을 의미한다는 것이다. 이런 것들 없이 여유시간을 갖는다는 것은 불가능하기 때문이다.

아무튼 복도를 걷던 당신은 저 끝에서 이쪽으로 걸어오는 조지를 보게 된다. 조지는 당신의 부하인데, 그는 당신을 보자 대뜸 이렇게 말한다. "안녕하세요, 좋은 아침입니다. 그런데 우리 일에 문제가 생겼어요."

이 한 마디는 당신을 꼼짝 못하게 붙들어 놓는 구실을 한다. 당신은 결코 문제에서 도망치는 타입이 아니기 때문이다. 당신이 현재의 지위에 오르게 된 것도 이러한 적극적인 태도 때문이다. 때로 당신의 상사는 문제를 찾아다니는 당신을 두고 '문제를 끌어당기는 끈끈이 풀'이라고 칭찬하기도 한다.

당신은 조지가 문제를 설명하는 동안 그 자리에 못박힌 듯이 서 있는다. 그는 지엽 말단적인 것까지 샅샅이 설명하는 타입이라 듣기 괴로울 정도이지만, 당신은 조용히 경청한다.

왜 당신은 경청하는가? 그 일은 한때 당신의 일이었기 때문이다. 현재 당신이 하고 있는 일보다도 그 문제를 해결하는 것이 더욱 적절할 것이라는 생각이 들기 시작한다. 당신은 현재의 일보다 그 문제에 훨씬 더 친숙하기 때문이다.

그의 문제를 해결하노라면 현재 당신의 일에서 잠시 벗어날 수 있을 것 같기도 하다. 이 같은 유혹에 휩싸인 채 당신은 그가 당면한 문제를 해결할 수 있는 방도를 찾게 된다. 더욱이 당신은 매우 사적이고 인간적인 태도를 취한다. 당신 생각에 그는 이따금씩 업무에서 당신의 천재성을 발견하곤 하는 듯한데, 이 점도 당신으로서는 기분 나쁘지 않은 일이다.

그가 얘기를 진행하는 동안 당신은 서서히 이끌려 들어가다 마침내 문제의 한복판에 서게 된다. 당신은 이 문제도 당신의 모든 부하들이 가져오는 다른 문제들과 마찬가지로 공통적인 두 가지 특징을 지니고 있음을 알게 된다.

도와줄 수 있는 일임은 분명한데,
당장 그 자리에서 해결해 줄 수는 없는 일

5분 정도 지났겠다 싶은 즈음에 당신은 시계를 들여다본다. 맙소사, 벌써 30분이나 지났다. 그래서 당신은 그에게 이렇게 말한다. "잠깐만, 조지, 30분이 지났군. 지금 어디 가던 중이었거든. 이미 늦었다네. 그 문제는 매우 중요한 것 같군. 피상적으로 들었지만 말이야. 그런데 이 자리에서 논의하기는 힘들 것 같군. 더 고민을 해보고 결정을 내려야 할 것 같아. 그러니 이렇게 하세. 그 문제에 대해선 내가 따로 더 생각을 해보고 연락을 주겠네." 그리고 당신들은 헤어진다.

이제 금방 일어난 일을 분석해 보자. 우선 당신과 조지가 복도에서 마주치기 전에 원숭이는 누구의 등에 있었는가? 물론 조지다. 원숭이가 당신의 등에 있을 턱이 없다. 당신은 그 문제에 대해 상상도 하지 않고 있었던 것이다. 그런데 30분이 지난 후 당신은 조지에게 "생각해 보고 연락해 주겠네"라고 말했고 조지는, "좋습니다"라고 답했다. 그리고 당신들은 헤어졌다. 이제 원숭이는 누구의 등에 타고 있는가? 당신의 등이다!

부하들로 인한 시간

여유시간을 빼앗아 가는 최대의 적은 부하들로 인한 시간이다. 부하들로 인한 시간은 부하의 등에 타고 있던 원숭이가 당신의 등으로 옮겨타는 순간 시작되는데, 이놈이 원주인에게로 돌아가지 않는 한 계속 당신을 붙들고 늘어지며 당신의 시간을 빼앗을 것이다.

원숭이를 넘겨받음으로써 당신은 스스로 부하보다 낮은 지위로 내려간 셈이다. 조지가 당신 위에 군림하게 된 것은 부하가 상사를 위해서나 할 법한 일을 당신 스스로 자원하였기 때문이다. (1) 당신은 그로부터 책임을 넘겨받았으며 (2) 진척 상황을 보고하겠다고 약속했다.

앞서 본 원숭이에 대한 정의의 후반부를 다시 읽어 보자.

모든 원숭이는 두 종류의 일과 관련되어 있는데,
실행해야 할 일과 감독해야 할 일이 그것이다.

자, 원숭이는 어디에 있는가? 당신의 등이다. 당신은 어떤 역할을 맡았는가? 실행하는 역할이다. 조지의 역할은 무엇인가? 감독의 역할이다. 그에겐 그 역할밖에 남은 것이 없다.

아마 그는 당신이 이 점을 잊지 않도록 하기 위하여 나중에 당신의 사무실에 머리를 들이밀고는 활기찬 음성으로 "어떻게 돼 가고 있어요"라고 물어올 것이다. 이 질문은 다음과 같은 의미를 내포하고 있다.

"시간낭비 하지 말 것!"
"언제 그 일을 할 건데?"
"이봐, 하려면 빨리 하고 안 하려면 그만둬!"
"언제 행동할 거지?"
"빨리 결단을 내려야 되잖아?"
"언제 결정을 내릴 건가… 쯧쯧."

거꾸로 가는 경영

이러한 형태의 '감독'은 왜곡된 것이라 할 수 있다. 이것은 거꾸로 된 경영으로, 이러한 역피라미드 형태하에서는 하급자가 상급자를 관리하는 일이 벌어진다.

"어떻게 돼 가고 있어"라는 질문은 누가 감독자인지를 보여주는 기술적인 용어이다. 가령 업무시간에 복도에서 만난 두 관리자 중 한 사람이 다른 한 사람에게 "어떻게 돼 가고 있어"라고 물었다 치자. 이럴 경우는 대개 이 질문을 한 사람이 상급자인 것이다.

물론 이러한 광경을 통해 기존의 조직구조를 완전히 파악할 수는 없겠지만 적어도 그 순간의 실상이 적나라하게 드러나는 셈이다. 원숭이를 떠맡은 사람이 실무자라는 것이 올바른 정의이기 때문이다.

경영자들은 왜 사무실 벽에 조직도를 붙여두고 있는가? 사람들에게 회사가 어떻게 운영되고 있으며, 동시에 누가 누구를 위해 일하고 있는지를 일목요연하게 보여 주기 위해서이다. 그러나 대부분의 관리자들은 이러한 조직도를 벽에 붙이자마자 복도로 뛰어나가 직원들에게 "생각해 보고 알려 주겠네"를 남발하는 우를 범하고 있다. 이 순진한 발언의 결과로 상사는 실무자의 역할을 맡으며 부하는 감독역할을 맡게 되는 것이다.

이런 일이 연쇄적으로 일어난다면 결국에는 시간근로자가 일선관리자를 감독하고, 일선관리자는 간부를 감독하며, 간부는 부사장을, 부사장은 사장을 감독하는 일이 벌어지고 말 것이다. 결국 사장이 조직 내의 모든 원숭이를 다 떠안게 된다! 이 얼마나 어처구니없는 일인가!

전체 조직이 거꾸로 서며 안과 밖이 뒤바뀌고 벽에 붙은 조직도의 취지와는 전혀 다른 현상이 나타난다. 현상만 두고 본다면 사장이 노조에 가입하고 시간근로자가 이사회에 참석하는 것이 당연할 정도이다. 만일 주주들이 이 사실을 알게 된다면 그들은 정기주주총회에서 "설명 들은 것과 전혀 다른 일들이 일어나고 있다"며 일대 소동을 피울 것이다.

앞에서 살펴보았던 형태의 원숭이 인계는 조직도 상의 위계와는 전혀 다른 방향으로, 즉 아래에서 위쪽으로 이루어지지만 문제는 그러한 일이 자발적으로 일어난다는 것이다. 이 점을 생각해 보자. 한 사람(사장)이 위에 5천 명의 상사를 모시고 있다면 어떻게 누군가를 위해 뭔가를 할 수 있겠는가 말이다.

그러므로 우리는 다음 행동이라는 개념을 진지하게 고려하여 누가 실무자이고 누가 감독의 역할을 할지 분명하게 밝혀야 한다.

상황 2 : "그것에 관해 메모를 보내 주게."

나는 부하 마이크와 업무협의를 마치며 이렇게 말한다. "좋아, 그것에 관해 메모를 해서 보내 주게."

이럴 경우 원숭이는 부하의 등에 얹혀 있다. 왜냐하면 다음 행동을 취해야 할 사람은 부하이기 때문이다. 그러나 그것은 내게로 뛰어오를 준비를 하고 있는 상태임을 명심해야 한다. 원숭이를 지켜보자. 마이크는 제시간에 메모를 작성하여 내게 이메일로 전송한다.

그러면 나는 그것을 컴퓨터의 메일박스에서 열어 읽게 될 것이다. 이제 누가 행동해야 하는가? 나다. 만일 내가 뭔가 행동을 취하지 않는다면 마이크에게서 어떻게 됐느냐는 메모(이것도 감독의 일종이다!)를 받게 될 것이다.

관리자에 대한 사원들의 실망

마이크는 끈질기게 메모에 대한 나의 반응을 추궁해 들어오게 되고 나는 이리저리 둘러대기 바쁘다. 그는 이런 내게 '답장 없는 언컨'이라는 별명을 붙이고 이것을 사방에 퍼뜨린다. 때론 이런 불만도 덧붙인다.

"읽어보기나 한 거야? 읽었다면 짤막한 답신이라도 하나 주는 것이 예의 아니야? 우리의 아이디어를 원한다고 해놓고서! 그 바람에 지금 시급한 프로젝트가 6개나 밀려 있어. 그 자가 응답을 주지 않으니 전혀 진행시킬 수가 없는 형편이야."

나의 응답이 늦어질수록 마이크의 불만은 고조되어 마침내는 '꼭지가 돌아버리는' 상황에 이르게 되면 나는 거의 죄의식이라 해야 할 감정에 사로잡히게 된다.

마침내 더 이상 빠져나가지 못할 지경까지 이른 나는 마이크의 문제에 눈길을 돌린다. 그런데 묘하게도 그 동안 문제가 생각지도 못한 방향으로 뒤틀려 있다. 그는 내 책상 옆에 앉아 이렇게 말하는 것이 아닌가.

"언컨 씨, 가부간에 결정을 내려야 할 것 같아요. 현안 과제가 9개나 밀려 있어요. 당신이 결정을 내려 주지 않으니 하나도 추진할 수가 없습니다. 언제 결정해 주시겠어요?" 그러자 나는 어리석게도 그에게 이렇게 묻는다. "9개라니? 뭘 말하는 건가?" 그는 과제의 번호를 읊어댄다. 1. 5. 15, 18, 14번 등등. 맙소사, 나는 그것들에 번호가 붙어 있다는 사실조차도 모르고 있었다.

사실 나는 일주일 전에 받은 메모조차도 다 읽어 보지 않은 상태이니 그 이후에 생겨난 과제들에 대해서도 알 턱이 없다. 나는 이것들에 대해서는 요청한 적도 없지만 아무튼 당연히 읽었어야 하는데 그렇게 하지 못했으므로 내가 한참 뒤처져 있다고 생각한다. 나는 아마추어 관리자이기 때문이다.

이제 당신을 '돕는' 사람들을 거느리기 전이 좋았다고 생각이 들지 않는가? 당신은 완전히 사로잡힌 신세다. 수십 마리의 원숭이와 고릴라가 당신의 등에 올라타고 있는 것이다. 당신은 그놈들을 서류가방에 가득 담고 집과 사무실 사이를 바쁘게 오간다. 언젠가 처리될 것이라는 희망을 안고서.

상황 3 : "내가 도울 방도를 알려 주게."

이번에는 또 다른 부하 발레리와 회의하는 상황을 가정해 보자. 나는 그에게 기업 PR에 관한 제안서를 만들어 보라고 지시하고는 필요한 사항을 지원하겠다고 약속한다. 회의를 마칠 때 나는 이렇게 말한다. "내가 도울 방도를 알려 주시오."

이 상황에서도 처음 원숭이는 그녀의 등에 올라타 있다. 그러나 얼마 동안? 발레리는 그녀의 제안이 나의 승인을 얻을 때까지 '나에게 도울 방도를 알려 주는' 일이 불가능함을 알고 있다. 경험을 통해 그녀는 그 제안서가 처리되기까지 몇 주 동안은 내 서류가방 속에서 잠잘 것이라는 사실을 알고 있는 것이다.

자, 실제 원숭이를 떠맡은 사람은 누구인가? 누가 누구를 감독하고 있는가? 한 사람의 관리자에게 과제가 집중적으로 밀려들고 실무자는 실무자대로 실망감에 치를 떠는 상황이 여기서도 재연된다.

3 지능적인 원숭이

그렇지 않아도 바쁜 나날을 보내는 관리자들이 원숭이 숫자를 자꾸만 늘려 가는 까닭은 애초에 원숭이가 어떻게 달려드는지를 정확하게 알지 못하기 때문이다. 지금부터 양파껍질을 까들어 가듯이 하나하나 원숭이의 상향 점프가 일어나는 지점과 그 방식을 분석해 보겠다.

원숭이 작살

원숭이를 포획할 때 당신은 어떤 도구를 쓰는가? 모든 사람은 누구나 자신만의 독특한 원숭이 작살을 가지고 있다. 그것들은 다양한 형태와 크기를 지니고 있다. 많은 관리자들은 멋진 계획용 서식을 가지고 다닌다. 그 밖에 전자수첩이나 노트가 이용되기도 하는데, 이것들은 모두 관리자의 기억을 보조하는 수단들이다. 만일 당신이 계획용 서식을 들여다본다면 '해야 할 일'이라고 쓰여진 페이지를 발견할 것이다. 누가 해야 할 일일까? 바로 당신이다! 이런 의미에서 우리의 시간과 생활을 계획적으로 관리하는 다양한 수단들은 사실상 '원숭이 작살'과 다를 바 없다.

매복지점

당신이 원숭이를 잡아들이는 장소는 어디일까? 당신이 조지로부터 떠맡는 원숭이는 기껏해야 하루에 한두 마리일 것이다. 그러나 당신은 다른 부하들로부터도 많은 수의 원숭이를 받아들이는데, 왜냐하면 당신은 만성적이고 거의 강박적이 되다시피한 원숭이 채집가이기 때문이다. 당신이 원숭이를 잡아들이는 장소는 전화나 컴퓨터 또는 복도에 국한되지 않는다. 계단, 엘리베이터 안, 주차장, 식사행렬, 세면장, 휴게실 등 회사 내의 거의 모든 장소가 여기에 해당된다. 당신은 전혀 의식하지 못한 채로 수십 마리의 원숭이를 잡아들인다. 그래서 퇴근할 무렵이 되면 당신의 데스크탑 컴퓨터는 물론, 심지어 노트북도 수십 마리의 원숭이들로 들끓게 된다.

위로 점프한 원숭이는 지연되는 성향을 갖는다

잠시 자리를 비운 뒤 사무실로 돌아왔을 때 당신을 기다리고 있는 것은 무엇인가? 부하들로부터 원숭이를 긁어모으느라 자리를 비운 사이 상사들도 놀고 있지는 않는다. 그들도 열심히 원숭이를 출산하고 있는 것이다.

지금 그들은 쌍둥이, 세쌍둥이, 심지어 네쌍둥이까지 낳고 있다. 그래서 당신의 서류함이나 우편함, 또는 이메일 속에는 상사로부터 파견된 원숭이들이 들어 있는데, 이것들은 "나 좀 보세" 또는 "이건 뭔가" 또는 "좀 처리해 주게" 또는 "챙겨 보게" 등의 표현 속에 숨어 있다.

지금 당신은 상사로부터 하루치의 과제를 받았으며, 동시에 부하들로부터 하루치의 과제를 받았다. 당연히 이 둘을 모두 처리하기에는 시간이 모자란다. 과제 자체의 성격은 차치하고, 이 두 종류의 원숭이 중 어느 것을 먼저 처리할 것인가?

아마 당신의 책상 위에는 사랑하는 이들의 사진이 놓여 있을 것이다. 당신은 강한 책임감을 지닌 사람이다. 자, 과제의 성격을 별개로 했을 때 어떤 종류의 원숭이를 먼저 돌볼 것인가? 물론 상사의 원숭이일 것이다. 그 밖의 원숭이는 대기하지 않으면 안 된다. 아무리 사소한 것일지라도 상사의 원숭이가 우선이다.

아직도 혼란스럽게 느껴진다면 이 점을 생각해 보라. 부하에게 약속한 일을 못 했다면 그것은 '지연'이다. 그러나 상사가 원하는 일을 못 했다면 그것은 '불복'이다. 사안이 보다 중대해지는 것이다. 당신이 직장에서 성공하기를 원하는 현명한 관리자라면 지연과 불복 중 어느 것을 감수하겠는가? 물론 지연이다. 이것이 상향 점프된 원숭이들이 지연 성향을 갖는 이유이다.

어떻게 하면 지연을 피할 수 있을까? 답은 간단하다. 부하들이 넘겨준 원숭이들을 죄다 붙잡아서 그들에게 다시 넘겨주면 된다. 당신이 이 원숭이를 처리하지 않았을 경우는 단지 지연일 뿐이었지만, 그들이 처리를 미적거린다면 그것은 곧 불복이 되니까 말이다.

리더가 되는 길목의 걸림돌

프로 관리자가 이런 식으로 일을 진행시킬 수 있고 원숭이가 기다림 속에서 굶어죽지 않도록 할 수 있다면 왜 대부분의 관리자들은 이 간단한 경영원칙을 실행하지 않는 것일까?

현대 경영학 문헌에서 경영계층 간의 관계를 표현하는 말들 중 이상하게도 '불복'이라는 단어는 빠져 있다. 이 말은 시간세 근로자들 사이에서 또는 군대에서나 쓸 뿐 경영층에서는 거의 금기시된다. 그것은 예의바르지 않은 단어인 것이다.

즉 우리는 늘 협력관계 속에서 일할 뿐이므로 이러한 관계에서 지위의 차별을 두는 행위나 단어는 비열한 것이 아닐 수 없다. 행태주의 심리학자들은 그러한 것을 좋아하지 않는다. 그러나 이 엄연한 사실을 부정한다면 언젠가는 그러한 사실들이 초래하는 쓴맛을 보게 될 것이다. 불복은 관리자와 일반직원(리더와 스탭) 간의 관계에 내재하는 본질적인 요소이다. 이 점을 고려하지 않는다면 결코 핵심을 건드릴 수 없을 것이다.

'우리'가 '우리'를 죽인다

부하로 인한 시간은 어떻게 생겨나는 것일까? 왜 원숭이는 그렇게도 교묘하게, 흔적도 없이 위로 뛰어오르는 것일까? 왜 관리자들은 자신도 모르는 새 그놈들을 긁어모으는 걸까?

그것은 원숭이가 점프를 시작하는 방법 때문이다. 당신이 복도를 걷고 있을 때 조지가 이렇게 말했다 치자. "안녕하세요? 우리에게 문제가 생겼어요." 그가 '우리'라고 표현한 것을 들었는가?

조지는 자신이 하는 일을 정확히 알고 있는 것이다. '우리'라는 말로 시작함으로써 당신으로 하여금 그 문제를 공동의 문제로 여기도록 이끌고 있다. 달리 표현하자면 그는 자신의 등에 있는 원숭이가 당신의 등에 한 발을 걸치도록 사전공작을 한 것이다. 조지는 대화가 끝날 때쯤이면 원숭이의 남은 한 발도 당신의 등으로 옮겨갈 것을 알고 있다.

이 과정이 끝나면 그는 유유히 사라질 것이며 당신은 과제 하나를 더 떠맡은 채 혼자 남게 된다. 이것이 책임이나 의무가 재빠르고도 교묘하게 옮겨지는 방식이다. 이것은 모두 '우리'라는 말로 인해 저질러지는 일들이며 동시에 '우리'로 인해 전 세계의 조직들이 병들어 가는 이유이다.

4 누구의 원숭이인가?

남의 원숭이가 내 등으로 뛰어오르는 일을 피하는 데는 두 가지 방법이 있다. 하나는 원숭이가 그릇된 방향으로 발찌검을 하지 않도록 훈련을 시키는 것이다. 그러나 이보다 더 훌륭한 방법은 이놈들이 아예 당신의 등에 발을 대지도 못하게끔 완전히 차단하는 것이다.

'우리'에게는 문제가 없다네

밑에 네 명의 부하가 일하고 있다고 가정해 보자. 이 정도의 숫자면 훌륭한 한 팀이며 당신은 이들의 '코치', '리더' 또는 '멘토(mentor. 현명하고 믿을 만한 지도자나 스승; 편집자)'이다.

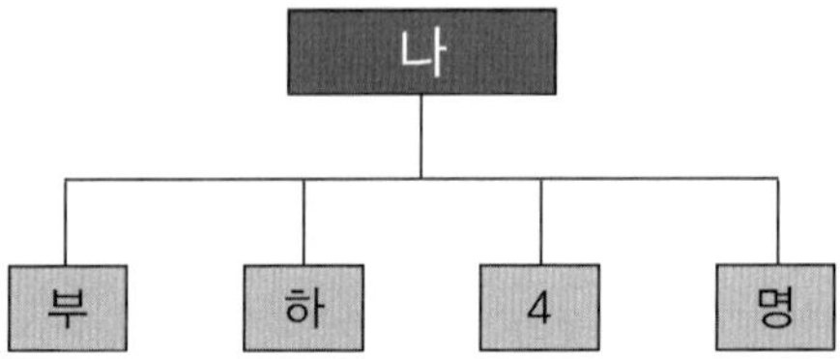

나의 팀

총 5명인 이 팀에서 팀 전체를 대표해서 "우리에게 문제가 생겼습니다"라는 식으로 말할 수 있는 사람은 오직 한 명뿐이다. 누굴까? 팀장인 당신이다. 그러므로 당신이 아닌 팀원 중 한 명이 "우리에게 문제가 생겼습니다"라고 말한다면 잘못된 전제 위에서 말을 하고 있는 셈이다. 당신을 제외하고는 그 누구도 팀 전체를 대표해서 "우리에게 문제가 생겼습니다"라고 말할 입장이 아닌 것이다.

주의해야 할 것은 적지 않은 경우 부하가 문제를 안고 당신을 찾을 때 그가 진정으로 얻기를 바라는 것은 문제에 대한 해결책이 아니라, 그를 대신해서 문제를 해결할 사람이라는 사실이다.

문제를 지닌 부하가 관리자에게 말하는 올바른 화법은 "나에게 문제가 생겼습니다"라고 말하는 것이다. "우리에게 문제가 생겼습니다"라고 말하는 것은 주제넘은 표현이다. 왜냐? 그것은 자신이 상사의 입장에서 말하는 것이기 때문이다.

상사는 팀원 전체가 소속된 팀의 우두머리이다. 그러므로 그가 인정하기 전까지는 어떤 문제도 '우리의' 문제가 아닌 것이다. 즉 상사가 "우리에게 문제가 생겼습니다"라고 말하기 전까지 문제는 단지 부하의 개별적 문제일 뿐이다. 항상 이 점을 분명히 함으로써 당신은 부하의 등에 타고 있는 원숭이의 양발을 확실하게 봉쇄할 수 있다.

팀원 중 한 사람이 팀장인 당신에게 어떤 문제를 가지고 왔을 경우 먼저 분명히 해두어야 할 것은 다음 중 어느 것이겠는가? (1)어떤 문제인가? (2)누구의 문제인가? 정답은 '(2)누구의 문제인가'이다.

만일 그가 그 문제를 당신의 문제라고 생각한다면 그 사실을 입증해야 할 책임은 누구에게 있는가? 당신인가, 그인가? 여기에 대한 입증책임은 언제나 그에게 있다.

그러므로 문제가 당신의 것임을 그가 입증하지 못한다면 당연히 문제는 그의 몫이다. 이 경우 당신은 문제를 그에게 떠맡길 필요조차도 없다. 왜냐하면 처음부터 그 문제는 당신의 것이 아니었기 때문이다. 문제를 떠맡기지 않는 가장 좋은 방법은 애초부터 떠맡길 문제를 갖지 않는 것이다.

아무리 관리자라 할지라도 부하들에게 문제를 떠맡기는 일은 무척 어렵다. 왜냐? 애초에 부하들은 아무 일도 없는 상태에 있었기 때문이다. 그리고 관리자들은 이 상태를 뒤집어야 하기 때문이다.

원래 부하의 등에 있어야 할 원숭이들이 모두 당신의 등에 올라타 있는 것이므로 이제 당신은 이들을 하나하나 떼어내 부하들의 등에 붙여 놓아야만 하는 것이다. 이것은 머리카락에 들러붙은 테이프를 떼어내는 일처럼 힘든 일이다. 왜 이런 일을 자초하는가! 처음부터 원숭이가 당신에게 얼씬도 못하도록 했다면 돌려줄 필요도 없지 않은가.

이제 나는 당신이 무슨 생각을 하는지, 내일 아침 어떤 일이 일어날지를 짐작할 수 있다. 그 동안 부하들 중 몇몇은 당신을 봉으로 여겨왔다. 지금 당신은 그간 일어난 일들의 실체를 알게 되었다. 당신은 그들이 자신들의 원숭이를 당신에게 넘겨줄 때 항상 사용하는 비법을 터득하게 되었다. 이제 당신은 내일 아침 사무실로 달려가 그 중 한 명에게 당신의 등에 붙어있는 원숭이를 넘겨주고 싶어 안달이 날 것이다.

다음날 아침, 당신은 복도를 걸어가다 데이브와 마주친다. 당신은 마음의 준비를 단단히 한다. 왜냐하면 그는 자주 자신의 원숭이를 윗선으로 넘기곤 하는 인물이기 때문이다. 아니나 다를까 오늘도 그는 이렇게 말한다. "언컨 씨, 우리에게 문제가 생겼어요."

당신은 그를 그 자리에 세우고 이렇게 말한다. "뭐라고 했나, 데이브." 그는 대답한다. "우리에게 문제가 생겼다고요."

당신은 계속한다. "데이브, 우리에게는 결코 문제가 생기지 않았네. 사실 우리에게는 아무 문제도 없지. 앞으로도 우리에게는 아무런 문제도 생기지 않을 걸세. 그렇다고 문제가 없다는 뜻은 아니네. 문제가 있으니까 자네가 내게 왔겠지. 자넨 정말 문제를 찾아내는 데 탁월한 재능을 지니고 있다니까. 앞으로도 계속 그렇게 해주길 바라네. 나는 자네와 그 문제를 토의하는 데 필요한 시간을 얼마든지 내줄 용의가 있네."

"그러나 일단 이 자리에서 우리가 분명히 해야 할 것이 있네. 즉 그 문제가 자네와 나 중 누구의 문제인가 하는 것일세. 만일 그것이 자네의 문제라면 최선을 다해 돕겠네. 혹 그것이 나의 문제라면 자네도 역시 최선을 다해 나를 도와 줄 것이라고 믿네. 아무튼 어떤 경우이든지 다음 행동은 자네 몫이야."

이렇게 되면 그는 당신에게 문제를 가지고 온 것을 후회하기 시작한다.

만일 그가 다음 행동을 자신이 취해야 한다는 사실을 알고 있었다면 그것을 미리 생각해 두었을 것이다. 그렇다면 그는 굳이 복도에서 당신을 불러 세울 필요도 없었을 것이다. 별도의 지시가 없는 한 자유수준 척도 3단계에 따라 다음 행동을 시작하면 되는 것이니까 말이다.

사람들은 왜 관리자들에게 문제를 가지고 오는 것일까? 만일 그들이 상사를 봉(또는 문제수집가)이라 여기기 때문이라면 그들의 태도는 '문제를 떠넘기자'는 것이며 그럼으로써 자신들은 해방감을 맛본다. 이것은 사람들이 비열하다는 뜻이 아니다. 다만 늘 자신들의 원숭이를 상사에게 떠넘겼으면 하는 강한 유혹에 시달린다는 뜻이다.

프로 원숭이 관리자

설명을 좀더 분명하게 하기 위해 조지와 복도에서 만났던 상황을 재구성해 보겠다. 이번에는 내가 프로 관리자일 경우이다. 그와 내가 복도에서 마주친 순간 이미 원숭이는 점프할 준비를 하고 있다. 그러나 프로 관리자인 나는 놈에게 보기좋게 한방 먹여 그 놈을 제자리로 돌려보낼 것이다.

나와 마주친 조지는 이렇게 말한다. "언컨 씨, 우리에게 문제가 생겼습니다." 이때까지 나는 '우리'를 문제삼지 않고 조금 더 두고 본다. 우리는 복도에 선 채 30분간 그 문제에 대해 토의한다. 30분이 되었을 즈음 나는 이렇게 말한다. "조지, 난 시간이 이렇게 많이 지난 줄은 몰랐네. 그만 가 봐야겠네. 본격적으로 문제를 다루기엔 시간이 너무 짧군. 나중에 좀더 생각해 보기로 하세."

이렇게 되면 원숭이는 매우 애매한 상태로 있어 감이 잘 잡히지 않는다. '더 생각해 보자'라니!

“조지, 내 생각엔 그 문제에 대해 깊이 생각할 수 있는 사람은 우리 팀에 단 두 사람밖에 없는 것 같네. 자네와 나 말이야. 그래도 내가 상사니까 아무래도 자네가 좀 깊이 생각해 봐야 할 것 같군. 그런 후에 오늘 오후 4시 반에 내 사무실로 오게. 내가 잘 알아들을 수 있는 형태로 생각을 잘 정리해서 말이야.”

나는 그를 자유수준 척도 상 어느 단계에 둔 셈인가? 3단계이다. 3단계는 제안을 하고 상사와의 토론을 거쳐 도출된 결론을 실천에 옮기는 단계이다.

원숭이는 어디에 있는가? 그의 등이다. 누가 실무자역을 맡았는가. 조지이다. 내가 맡은 역할은 무엇인가? 감독의 역할이다.

부하들로 인한 시간으로 시간을 뺏기지 않은 나는 오후 2시경 여유롭게 복도를 따라 거닐다가 조지의 사무실에 머리를 들이밀고 이렇게 말한다. “이봐, 조지, 원숭이 데리고 잘 놀고 있나?”

어떤 경우에도 “어떻게 돼 가고 있나”라는 질문은 관리자만이 할 수 있는 질문임을 명심하라.

이제 만일 그가 4시 반에 내 사무실에 나타나지 않는다면 그것은 불복이 되는 셈이다. 업무와 관련하여 부하를 소환하는 것은 정당한 것이니까 말이다. 나타났더라도 아무런 대안이 없이 나타났다면 이 또한 불복이다. 부하에게 대안을 마련하라고 지시하는 것은 정당한 관리자의 행위이니까 말이다. 물론 그에게 훌륭한 대안을 가져오라고 지시하는 것은 무리일지 모른다. 그러나 그에게 4시 반에 대안을 찾아오라고 지시하는 것 자체는 결코 무리한 지시가 아니지 않은가.

책상 위에 사랑스런 아내와 귀여운 세 자녀의 사진을 올려두고 있는 그가 아무런 까닭 없이 불복할 가능성이 있겠는가? 거의 없을 것이다. 만일 내가 그에게 "좀 생각해 본 후에 알려주겠네"라고 아마추어 관리자처럼 말했다면 내가 4시 반까지 그에게 대안을 마련해 갈 가능성이 얼마나 될까? 거의 없을 것이다. 이 점에서 우리는 벌써 앞서가는 게임을 하고 있는 셈이다.

우리가 내린 원숭이의 정의를 잘 기억하라.

원숭이란 두 당사자의 대화가 끝났을 때
실행에 옮겨질 다음 행동을 의미한다.

문제가 누구의 것이든 관계없이 항상 다음 행동은 부하의 몫이다. 이것은 다음과 같은 두 가지 이유로 매우 중요하다.

첫째, 부하들이 "나에게 문제가 생겼습니다"라고 말하도록 훈련시키는 일이 중요하기 때문이다. 이렇게만 되면 당신은 자동적으로 업무위양을 하게 되는 셈이다. 만일 부하들이 "우리에게 문제가 생겼습니다"라고 말한다면 당신은 당신 몫의 문제를 해결하여야만 업무를 위양할 수 있게 되는 것이다. 그러나 부하들이 "나에게 문제가 생겼습니다"라고 대화를 시작한다면 위양작업은 쉬워진다. 그러니 언제나 그런 방식으로 부하들을 관리해 나가라.

5

원숭이 관리

윗방향으로 점프하는 원숭이의 수효가 점점 많아지면 자칫 관리자의 '생사가 걸린' 문제로 비화될 수도 있다.

누가 누구를 위해서 일하는가?

가령 내가 부하를 네 명 거느리고 있는데 이들이 서로 간에 협약을 맺어 하루에 원숭이 3마리씩만을 내게 넘겨준다고 가정해 보자. 물론 넘겨주는 방법은 다양하다. 전화, 팩스, 이메일, 메모 등을 이용할 수도 있고 직접 만나서 넘겨줄 수도 있을 것이다. 아무튼 이 정도라면 부하들 입장에서는 대단히 절제하는 셈이라고 볼 수 있다.

자, 이제 내가 누적된 업무가 없는 상태에서 일주일을 시작한다고 생각해 보자. 월요일에 나는 각 부하들로부터 원숭이 3마리씩을 넘겨받는다. 그러면 나는 그 날 저녁까지 12마리의 원숭이를 등에 얹게 되며 각각의 원숭이는 내 시간을 잡아먹기 시작할 것이다.

각각의 원숭이는 그것에 들이는 시간을 상징한다고 볼 수 있다. 당신이 부하에게 "좀더 생각해 보고 알려 주겠네"라고 말했다면 이것 때문에 얼마나 시간을 뺏기게 될지 계산할 수 있겠는가? 불가능하다.

'좀더 생각한다'는 행위는 매우 주관적이고 측정이 불가능하며 경우에 따라서는 얼마든지 늘어날 수도 있는 행위이기 때문이다. 우리가 '좀더 생각하는' 행위에 구체적으로 얼마의 시간을 들인다고 생각하는 일은 드물다. 그렇기 때문에 오히려 더욱 안일하게 이러한 행위를 떠맡는지도 모른다.

자, 이제 각 원숭이에 들이는 시간이 평균적으로 30분이라고 가정해 보자. 부하들에게서 넘겨받은 원숭이를 처리하는 데만

나는 매일 6시간을 쓰지 않으면 안 된다.

관계 악화

위의 가정에 덧붙여 내가 순수한 아마추어 관리자인데다 온종일 상사로부터 지시를 받으며 시스템(주로 동료들)으로부터 부과되는 업무도 만만치 않다는 가정을 추가해 보자. 나는 뭔가를 하기 전에 항상 다른 부분의 양해를 얻어야 하는 상황에 놓이므로 제대로 업무를 처리하기가 힘들다고 느끼게 될 것이다.

나는 '높은 분들'에게 찾아가 지원을 요청하지 않을 수 없는데 이것도 한두 번이지 자꾸 찾아가기는 어렵다. 더욱이 나는 하루에 12마리의 원숭이를 매일 채집하고 있는 형편이 아닌가. 현재 내 삶은 아무리 미워하는 사람이라 해도 이런 식의 삶을 살게 하고 싶지는 않을 정도로 고달픈 생활의 연속이다.

상사에 의해 세세한 부분까지 지시를 받고, 시스템에 의해 압박당하며, 부하들에게 시달리다 보니 신경에마저 손상이 오는 것을 느낄 때면 월급이 문제가 아니라는 생각이 들곤 한다.

이 모든 일들을 처리하는 데는 하루 24시간이 부족하다. 월요일 4시 반에 이미 12마리의 원숭이를 거느리게 된 나는 자리에 앉아 좀더 체계적으로 일을 처리해야겠다고 결심한다.

나는 어떤 대학교수가 쓴 『시간관리법』이라는 제목의 책을 구입한다. 책에 따르면 내가 해야 할 첫번째 일은 우선순위를 정하는 것이다. 그래서 나는 12마리의 원숭이를 앞에 펼쳐놓고 우선순위에 따라 줄을 세워 본다. 제일 중요한 원숭이는 제일 위에, 가장 덜 중요한 원숭이는 제일 밑에 둔다.

그러나 이것으로 끝난 게 아니다. 아직 상사와 시스템으로부터 부과된 일들은 그대로 남아 있다. 나는 흔히 서류가방이라 불리는 원숭이 우리에 모든 원숭이들을 쓸어 넣고 집으로 향한다. 그 누구의 방해도 없는 집 안에서 업무를 처리할 요량이다.

그러나 집에 도착한 나를 현관에서 반갑게 맞이하며 아내가 이렇게 말하는 것이 아닌가. “여보, 잊지 않고 제시간에 도착해 주셨군요.” 나는 말한다. “잊지 않다니, 뭘?” 아내는 약간 실망하는 기색으로 이렇게 말한다. “설마 또 잊어버린 건 아니겠죠? 오늘이 우리 결혼기념일이잖아요.” 순간 나는 속으로 이렇게 탄식한다. *아, 또 하루저녁이 날아가는군.*

다음날(화요일) 아침 나는 '그놈들'을 다시 회사로 몰고온다. 상사로부터의 시달림, 시스템에서의 업무압력, 부하들로부터 새로운 12마리의 원숭이 인계 작업이 다시 시작된다.

나는 24마리로 불어난 원숭이들의 우선순위를 정하기 위해 골머리를 앓지만 제대로 될 리 없다. 원숭이들의 우선순위가 훨씬 애매해졌기 때문이다. 24마리나 되다 보니 일일이 중요성의 순위를 가늠하기가 쉽지 않다. 가령 5번째와 6번째, 또는 14번째와 15번째의 중요도를 식별해 내기란 거의 불가능하다.

다행히 『시간관리법』의 2장에는 이러한 문제에 대한 해결책이 제시되어 있다. 저자는 이렇게 말한다. "원숭이의 수효가 너무 많아지면 비슷해 보이거나 상호 말이 통하는 원숭이를 셋, 넷, 또는 다섯 마리씩 묶어서 한 파일에 집어넣어라. 다른 놈들도 이런 식으로 묶어서 파일에 넣어라." 이런 식으로 작업을 하면 결국에는 모든 원숭이들이 네 개나 다섯 개의 파일에 들어가게 될 것이다. 그리고 나서 그 파일들을 우선순위별로 분류하면 된다. 파일의 숫자가 적으므로 우선순위를 구분하는 것이 가능하다.

그러나 이렇게 하고 나니 왠지 공허한 느낌이 든다. 실제 원숭이(실무과제)들과는 멀어지고 추상적으로 분류된 주제들만

남은 듯하다. 경영학 책을 써대는 학자들에게는 중요한 것들이겠지만, 실제 조직을 운영하는 관리자들에게는 아무짝에도 쓸모 없는 추상적 주제들 말이다.

그래서 다시 나는 모든 원숭이들을 가방에 쓸어 넣고 집으로 향한다. 오늘 저녁에는 정말 그놈들을 처리할 수 있으리라 기대하면서 말이다. 그러나 현관에 들어서는 순간 내겐 생활인으로서 수행해야 할 잡다한 역할들이 나를 기다리고 있다. 즉 나는 관리자이기도 하지만 한 집안의 가장이고, 동네의 이웃이며, 교회의 신도 등등의 역할을 수행하고 있는 것이다.

• 아내는 가만히 내 귀에 입을 대고 일곱 살 난 딸이 걸스카웃 신규가입자들의 대표로 가입행사를 6시 반에 하게 된다고 속삭인다. 지역신문의 사진기자가 그 광경을 내일 오전 신문에 싣기 위해 곧 집에 당도할 것이란다. 여기서 빠져나올 방법은 없다.

• 또한 아내는 교회의 신도모임이 오늘밤에 개최되는데 서기인 나는 반드시 참석해서 주일학교 부속건물이 공식적인 추가 자금투입 없이 어떻게 완공될지를 의논해야 한다고 덧붙인다.

• 더욱이 일 년 전에 내가 참여해서 발족시켰던 '사무실 도둑 퇴치연합'에서 오늘 저녁에 회합을 갖는다고 한다. 설립멤버인 내가 빠져서는 안 될 모임이다.

이 모든 역할의 마지막 하나까지를 성실히 수행하는 나는 영원한 해결사인 모양이다. 사람들은 내게 그것이 나의 천성이라고들 한다.

• 그 날 저녁 나는 지역신문 기자를 위해 딸애에게 걸스카웃 견장을 달아주는 포즈를 취해 준다.

• 그리고 나서 교회 신도모임에 달려가 이렇게 말한다. "오늘 저녁에는 시간이 없는 관계로 함께 하기가 어렵군요. 그러나 진실한 기도로 후원하겠으며 여기서 어떠한 결정이 내려지더라도 따르겠습니다. 혹 도움이 필요한 사항이 있으면 언제라도 전화해 주십시오."

• 이 말을 남기고 나는 다음 모임을 향해 내닫는다.

• 그리고 또 다음으로. 그리고 또 다음.

목요일 아침 나는 36마리의 원숭이를 책상 위에 쏟아 놓는다. 물론 상사와 시스템에 의해서도 여전히 압박을 받으면서 말이다. 그리고 이 날도 어김없이 12마리의 원숭이가 추가되어 그 숫자가 총 48마리에 이르게 된다.

원숭이 채집자의 운명

금요일에는 사정이 조금 다르다. 이 날은 원숭이 배달이 언제나 점심 이전에 다 이루어진다. 부하들이 책상을 깨끗하게 치우고 홀가분하게 다음 주를 시작하기 위해 배달을 서두르는 탓이다.

나는 자리에 앉아 살짝 열린 서류가방 사이로 원숭이들이 기어나오는 것을 본다. 이미 60마리나 된다. 더 이상 책상 위에는 그들을 수용할 공간도 남아 있지 않아 어떤 놈들은 옆으로 떨어지기도 한다. 나는 이놈들이 사무실 바닥에서 마구 날뛰며 이름표를 가지고 서로 장난하는 광경을 멍하니 지켜볼 뿐이다. 놈들은 벽을 기어오르고 스탠드에 매달리는 등 법석을 피운다.

마침내 나는 이놈들을 잡으러 돌아다니기 시작한다. 셋을 잡으면 둘을 놓치는 식이다. 누군가가 내게 "언컨 씨, 당신이 지닌 원숭이가 몇 마리나 됩니까"라고 묻는다면 나는 "20마리 정도인데 30마리 정도가 늘었다 줄었다 합니다. 대략 계산한 거죠"라고밖에 대답할 수 없을 것이다. 설령 이놈들을 다 잡아들인다 해도 이들을 처리할 시간은 절대적으로 부족한 실정이다.

나는 스스로에게 이렇게 말한다. "언컨, 뭔가 수를 내야만 돼. 이 모든 걸 다 한다는 것은 불가능해. 넌 아마 여기 놓인 갖가지 리포트, 팩스, 이메일, 메모들을 다 읽지도 못할걸. 아무튼 이 모든 걸 다 할 수는 없어."

금요일 2시 반쯤 나는 대체 나의 문제가 무엇인지를 따져보기로 마음먹는다. 나는 개인적인 공간이 더 필요하다고 생각한다. 그러나 나의 문은 항상 열려 있다. 사람들은 그랜드 센트럴역에서처럼 자유롭게 이곳으로 지나다닌다. 게다가 전화벨은 항상 울려대고 핸드폰은 끊임없이 진동한다.

마침내 나는 일어나 문 앞으로 걸어가 발로 차 문을 닫은 후 안에서 걸어 잠근다. 사적인 공간을 확보하기 위해서이다. 핸드폰도 꺼버리고 전화선도 뽑아 버리고 싶다. 그러나 그렇게까지 할 수는 없는 노릇이다. 나는 책상에 앉아 비서에게 전화를 걸어 이렇게 말한다. "오늘 퇴근시간까지 혼자 있고 싶어요. '그 사람들'을 제외하고는 누구와도 대면하거나 대화하지 않을 생각이니 누구든 돌려보내세요."

여기서 '그 사람들'이란 누구를 말하는가? 그 사람들이란 나의 핵심적인 과업에서 성공과 실패의 관건을 쥐고 있는 사람들을 뜻한다.

- 예를 들어, 노크 없이 내 사무실 문을 박차고 들어올 수 있는 사람들이다. 나의 상사도 여기에 포함된다.

- 또 내가 관리하는 핵심 고객들이다. 그들이 나와 면담하러 왔을 때 나의 비서가 이렇게 말한다면 어떻게 되겠는가? "죄송합니다. 지금 언컨 씨는 고객들을 위해 시간을 낼 수가 없습니다. 다른 일을 해야 하거든요. 하하하…." 고객들이 밀고 들어오지 않을까? 당연히 밀고 들어오고말고.

내 일의 성패를 좌우하는 인물이 회사 내외에 40명이 있다고 보면 나의 부하들 4명도 그 중에 낄 것이다. 40명의 인물들 중 내가 문을 닫아걸고 버틸 수 있는 인물은 아마 이들 넷뿐일 것이다. 그러나 네 명이라는 숫자는 너무 적다. 나는 10%의 인물들로부터만 격리될 수 있을 뿐이다. 그러므로 업무시간 중에 문을 닫아걸기란 사실상 불가능하다. 환상에 불과할 뿐 실제로는 할 수 없는 일이다!

4시경 비서가 전화를 걸어 이렇게 말한다. "언컨 씨, 우리팀의 조지, 마이크, 발레리와 데이브가 퇴근 전에 당신을 꼭 좀 보고 싶다고 사무실 앞에 와 두 시간째 계속 기다리고 있는 중입니다."

나는 이렇게 대꾸한다. "두 시간째 기다리고 있다고? 그 동안 뭘 하고 있었다는 말이오?"

그녀는 말한다. "줄곧 컴퓨터게임을 하고 있었어요. 지금도 하고 있고요."

나는 이렇게 생각한다.

왜 이곳의 사람들은 주도적으로, 책임감 있게 일하려 하지 않는 것일까? 내가 존경해 마지않는 맥그리거(Douglas MacGregor 미국의 심리학자, 경영학자. X, Y 이론을 제창함; 편집자)는 인간이란 본래 자발적인 존재로서 주도적이고 책임감 있게 일하기를 즐긴다고 말하지 않았던가? 그러나 만일 그가 내 부하들을 거느려 보았다면 그런 말은 아예 하지 않았을지도 모르지.

업무시간 중에 두 시간이나 컴퓨터게임을 하다니…. 리더십이란 게 이런 식으로 굴러간다면 아마 하나님도 평범한 일꾼의 보조자가 되고 말걸. 사회의 가치체계가 거꾸로 서고 있어.

그래도 나는 불황의 쓴 맛을 겪어 보면서 돈의 소중함도 알고 노동의 신성함도 배워왔어. 앨저(Horatio Alger. 1800년대 후반 가난한 소년이 근면, 절약, 정직의 미덕으로 성공한다는 패턴의 소설을 써 성공한 소설가. 오늘날에도 그의 이름은 미국적인 성공의 꿈과 결부되어 인용되고 있다; 편집자), 카네기, 포드와 같은 위대한 인물들이 미국을 만들어 왔지만 이제 그러한 전통은 단절되고 말았어.

그 시간 당신의 부하들은 왜 그곳에 와 있는 것일까? 그들은 점심식사를 막 마치고 자리로 돌아와 금요일 오후에는 늘 그랬듯이 다음 주에 할 일을 생각하고 있었다. 남은 몇 시간 동안 월요일에 할 일부터 차근차근 계획을 세우려 하였다.

그런데 이것을 위해 책상을 뒤져보니 계획을 세울 만한 일이 아무것도 없었다! 지난 며칠 또는 몇 주 동안 모든 일의 주도권을 내게 넘긴 바람에 아무것도 남아있는 것이 없었던 것이다. 일이 없으니 계획을 세우는 것도 불가능하다. 그래서 그들은 내 사무실 앞에 와 앉아있었던 것이다.

그들은 원숭이를 돌려 받으려 하고 있다. 물론 그렇다고 실제 그 일을 하는 것은 아니겠지만 말이다. 아무튼 그들은 내 사무실 앞에 앉아 감독자의 역할을 하면서 오락을 하고 있었던 것이다. 내가 조금이라도 기회를 주었더라면 그들은 일제히 감독임무를 수행하려 들었을 것이다.

"어떻게 돼가고 있나요?"

"결단을 내려야죠!"

"시간낭비가 너무 심한데요."

"언제 하실 겁니까?"

"우리는 언제 행동을 시작하죠?"

"언제 결정된 것을 볼 수 있을까요?"

내가 그들의 원숭이를 모두 소유하고 있을 때 그들은 '관리라는 음습한 지하감옥'에서 일하고 있었다. 실제 그들은 지시가 있을 때까지 기다리고 있는 것이다. 부하들은 자신들이 하고 있는 일의 타이밍은 물론 내용에 대해서도 완전히 통제권을 상실하고 있었다. 아니 통제권을 가지고 싶어하지도 않는다.

심리학자들은 말하길 사람이 아무런 주도권을 갖지 못한 상태에 놓이면 실망한다고 한다. 그들에 따르면 게임은 이러한 실망감을 표출하는 한 가지 수단이라고 한다. 이렇게 본다면 부하들이 근무시간에 게임을 하고 있었던 것은 실망으로 인해 완전히 제 정신을 잃지 않기 위해 그랬던 것으로 이해할 수 있다.

이제 나는 부하들을 피해 사무실 안에서 문을 걸어 잠그고 죄의식에 휩싸여 있다. 왜냐하면 그들이 이렇게 된 것은 다 내 탓이기 때문이다. 우리는 절망적으로 얽힌 채 관리의 바다 한가운데 빠져 허우적거리는 다섯 명의 관리자나 다름없다. 서로에게 엉기는 바람에 더욱 깊이 빠져만 들어가는 관리자들 말이다.

내가 만일 사무실 밖에서 그들이 하는 얘기를 엿들을 수 있었다면 아마 살인을 저지르고 싶었을지도 모른다.

발레리는 내 사무실의 닫힌 문을 가리키며 이렇게 말한다. “저 양반은 아마 아무런 결정도 못 내릴걸. 이제부터는 ‘걸림돌 언컨’이라 불러야겠어. 어째서 우리 회사에서는 아무 결정도 못 내리는 인간을 관리자로 앉히는지 알 수가 없단 말이야. 그는 아무런 재능도 없이 꼭대기까지 기어올라간 대표적인 케이스야.”

나는 회사의 충성스런 멤버로서 회사를 위해 거의 밤낮으로

24시간 뼛골 빠지게 일하고 있다. 그런데 바깥에 앉아 근무시간에 컴퓨터게임이나 하는 주제에 나를 재능이 없는 인간이라고! 세상이 어디로 흘러가고 있는 것일까.

벤자민 프랭클린의 할아버지가 한번은 프랭클린에게 친구를 적으로 만드는 가장 빠르고도 간단한 방법은 그에게 빚을 지는 것이라고 말하였다. 친구에게는 결코 돈을 빌리지 말라고 충고하였던 것이다.

그런데 지금 나는 부하들에게 너무 많은 빚을 지고 있는 셈이다. 그들이 던진 각종 보고, 질문, 제안 등에 답변해야 할 것들이 산적해 있는 것이다. 이것이 내가 그들을 적으로 여기는 이유이다.

내가 이것들을 위한 '다음 행동'을 하지 못하는 가장 큰 이유는 상사와 시스템으로부터 가해지는 요구를 들어 주다 보니 시간이 부족하기 때문이다. 나는 여유시간을 활용하여 이러한 요구를 들어 주어야 하는데 불행히도 지금은 여유시간이 없다. 거의 모든 시간이 원숭이들에 의해 잠식당하고 있기 때문이다. 그야말로 악순환의 연속인 것이다.

관리자가 이처럼 다른 일에 완전히 휩쓸려 아무 일도 하지 못하게 되는 가장 큰 원인은 무엇일까? 다음과 같은 말들을 남발하는 것이 주원인이다.

"생각해 보고 알려 주겠네."
"일단 한번 보고 나서 말해 주겠네."
"보고서를 읽어 보고 대답해 주겠네."

그가 이러한 약속을 지킬 가능성은 얼마나 될까? 극히 희박하다.

만일 상사들이 몇 사람의 부하들에게 이 같은 약속을 한다고 치자. 그리고 이 약속을 이행할 수 있는 사람은 그들 자신뿐이라고 생각해 보자. 그러면 이 약속들은 윗선에서 내려온 원숭이들, 그리고 시스템과 주요 고객들로부터 넘겨받은 원숭이들과 경합 관계에 놓이게 된다. 이런 상황에서 아무리 마음씨 좋은 상사라도 부하들과의 약속에 충실하기란 어렵다.

지금 시간은 금요일 오후 5시. 나의 등에는 수많은 원숭이들이 들끓고 있다. 나는 이것이 도망을 친다거나 초과근무를 한다고 해서 해결될 수 있는 성질의 문제가 아님을 잘 알고 있다. 뭔가 결단이 필요하다. 아마추어 관리자인 내가 생각해 낼 수 있는 것은 고작 다음과 같은 두 가지 대안이다.

• 어떻게 하든 여유시간을 마련해 보는 방법

• 병이라도 핑계대어 조기 은퇴하는 방법

몇 년 전 회사에서 유명한 컨설팅회사가 1일 코스로 개최한 '관리자를 위한 문제해결법'이라는 강좌에 보내주었던 일이 기억난다. 그때 강의를 맡았던 한 컨설턴트는 이렇게 말했었다. "대개 관리자들은 문제를 철저히 분석하거나 정의하지 않은 채 곧바로 해결하려 달려드는 경향이 있습니다." 그는 그러한 방법이 초래할 수 있는 몇몇 끔찍한 결과들을 보여 주고는 이렇게 덧붙였다. "경영에서 문제해결의 99%는 문제를 분석하고 정의하는 데 달려 있습니다. 문제를 분석하고 정의하는 데 시간을 들이다 보면 별로 힘을 들이지 않아도 해결책은 나오게 되어 있습니다."

나는 등을 벽에 붙인 채 죽을 힘을 다해 그가 말한 대로 해보리라고 결심한다. 내가 산 책에는 이렇게 적혀 있었다. "펜과 종이를 꺼내라. 만일 당신이 문제를 올바르게 정의할 수만 있다면 해결책이 종이로부터 저절로 튀어나올 것이다."

15분 가량 곰곰이 생각해 보니 나의 문제가 무엇인지 알 것 같았다. 즉 '나는 뒤처졌다'는 것이었다. 일단 이렇게 문제를 공식화하고 나니 떠올릴 수 있는 대답은 한 가지였다. '열심히 하라'였다.

나는 내가 더욱 열심히 해야 한다고 마음먹었다. 그러나 어떻게? 답은 뻔했다. 주말에도 회사에 출근하여 다음의 몇 가지 일들을 처리하는 것이었다.

- 조지가 기다리고 있는 16가지 항목에 대해 결정을 내려 주는 것이다. 그리고 월요일 오전 전화로 그를 불러 훈련소의 조교와 같이 명쾌하고도 정확하게 나의 결정을 알려 준다. 그는 기분이 좋아져서 돌아갈 것이며 더욱 열심히 자신의 일에 몰두할 것이다.

- 마이크의 과업보고서를 모조리 읽고 그가 질의한 모든 사항들에 일일이 명확한 해답을 도출한다. 그를 사무실에 불러 이것들을 명확하게 전달한다. 그도 역시 경쾌한 발걸음으로 돌아가 업무에 몰입할 것이다.

- 발레리와 데이브에게도 이와 마찬가지로 한다.

이제 6시가 되었다. 퇴근할 시간이다. 어떻게 집으로 가야 하나? 물론 보통대로라면 사무실 문을 열고 걸어나가 복도를 지나 계단을 내려가 주차장으로 가야 할 것이다. 그러나 그렇게 하면 문 밖에 있는 사람들과 마주치게 될 것이다.

다시 생각해 보자. 내 서류가방 속에서 소리치는 60마리의 원숭이들을 감안했을 때 감독의 역할을 하는 것은 누구인가? 그들이다. 실무자 역할을 하는 사람은 누구인가? 나다. 그렇다면 내가 그들 곁을 지나칠 때 그들은 무어라 할 것인가?

"이제 그만 주사위를 던지시죠."
"결정을 내려 주세요."
"일이 밀려 있어요."
"어떻게 돼 가고 있습니까?"

그들은 왜 이렇게 말하는가? 그들의 모든 업무주도권과 나음 행동이 내게로 넘어와 있어 달리 할 일이 없기 때문이다. 그러나 아마추어 관리자인 나는 이 점을 이해하지 못하고 있다. 내가 아는 것이라곤 내가 그들 사이를 빠져나간다면 심한 죄책감을 느끼게 되리라는 것이다. 더욱이 내가 걷는 동안에도 몇 마리의 원숭이가 내게 뛰어오를 것이며 나는 집에 당도하고서야 그 사실을 알게 될 것이다.

그래서 그들 사이로 빠져나가기를 포기하고 뒤쪽으로 난 비상구를 통해 주차장으로 내려간다. 마치 탈옥을 시도하는 죄수처럼 말이다. 그리고 차로 뛰어들어 집으로 향한다.

집으로 향하는 차 안에서 나는 생각을 달리 해본다. 애초에 어떻게 해서 이처럼 많은 원숭이가 내게 붙게 되었는지 알지도 못하는 상태에서 어떻게 원숭이 수효를 줄일 수가 있을까?

누가 보더라도 내가 처한 입장은 뻔하다. 그러나 나만은 이 점을 모르고 있다. 나는 회사에 충성을 다 바쳐 죽어라고 열심히 일하고 있다. 내 위에는 요청한 것을 충실히 이행할 것을 끊임없이 다그치는 유능한 네 명의 '관리자'가 있다. 그들은 업무 위양은 물론 그보다 더욱 어려운 챙기기("어떻게 돼 가고 있어요")에 도가 튼 인물들이다. 이것이 내가 처한 상황이다. 그러나 나는 아직 이 점을 모르고 있다!

잠 못 이루는 밤이 지나고 나면 더욱 비극적인 장면이 나를 기다린다.

다음 날 아침 아침식사를 마치자마자 나는 묵묵히 원숭이 우리(서류가방)를 들고 차고로 향한다. 내가 뭘 하려는지 눈치 챈 아내는 내 뒤를 따라오며 눈물 젖은 음성으로 이렇게 말한다."여보, 이번 주말에도 출근해야 해요? 늘 이래야만 하나요?"

나는 나의 눈가에 이슬이 맺힘을 느끼며 이를 악물고 소리친다. "여보, 이게 다 당신과 애들을 위해서라는 걸 잘 알잖소."

차로 걸어가는 동안 나는 막내 딸애가 아내에게 하는 질문을 엿듣는다. "엄마, 아빠가 주중에 일을 다 마치지 못하면 학교에서처럼 '지진아' 그룹에 들어가게 되지는 않을까요?"

나는 차로 기어들어가 회사로 향한다. 토요일 오전에 주차장에 세워지는 차는 내 차뿐이다. 나는 건물로 들어가 복도를 따라 걷는다. 토요일 오전에 복도에서 울려 퍼지는 발걸음 소리는 어느 때보다도 크게 들린다. 손에 든 서류가방은 어느 때보다도 무겁게 느껴진다. 나는 사무실로 들어가 책상 위에 서류가방을 내려 놓고 내용물을 꺼내 놓은 후 해야 할 일들을 점검해 본다.

Monkey Business

6

아마추어에서 프로로의 변신

업무를 시작하기 전에 나는 잠시 창 밖을 내다보았다. 길 건너 골프장이 보였다. 몹시 아름다운 풍광을 지닌 골프장이었다. 지금 저곳에 내가 서 있었으면 얼마나 좋을까. 첫 번 홀 티샷지점에 눈길이 닿았을 때 티 오프를 시작하는 사람들이 보였다. 이게 누구야? 조지, 마이크, 발레리, 그리고 데이브였다.

내게 날개가 있다면 당장 창 밖으로 날아가 그들의 머리 위에 머물면서 그들이 하는 다음과 같은 대화를 들을 수 있을 것이란 생각이 들었다.

그들은 내 차가 놓인 주차장 쪽을 가리키며 이렇게 말할 것이다. "야, 드디어 일이 되려나 본데. 언컨이 마침내 제대로 월급 값을 하기로 결심한 모양이야." 이것은 관리자가 시간제 근로자에게나 사용하는 말투가 아닌가!

왜 그들은 이런 식으로 생각하는 것일까? 간단하다. 그들은 전형적인 관리자의 코스를 밟아 왔기 때문이다. 그들은 상사의 일이란 남들이 하는 업무를 '계획하고', '이끌고', '조직하고', '통제하고' 그리고 '조정하는' 것이라 생각하는 것이다. 그리고 자신들이 이러한 일들을 해야 한다고 생각하는 이유는 그들의 관리자인 내가 그러한 일들을 하는 데 실패했기 때문이다. 내가 월급 값을 한다고 그들이 기뻐하는 것도 놀랄 일은 아닌 것이다.

나는 오래 전 우리 지방의 한 공장에서 처음 시간제 근로자로 직장생활을 시작하던 때를 돌아보았다. 나와 동료들은 토요일 오전에도 공장에 출근하기 일쑤였다. 우리는 상사들이 그 시간에 골프를 치고 있다는 사실을 알고 있었다. 그때 우리는 그것은 일종의 '인센티브 시스템'으로서 당연한 것으로 여기고 있었다.

그런데 오랜 세월이 흘렀어도 나는 여전히 이렇게 일터에 있건만 오히려 새파란 신세대들은 골프장에 있는 것이다. 탄식이 절로 나올 일이다. "맙소사, 언제 인센티브 시스템이 나를 비껴 지나갔지?"

계시

그 순간 마치 시나이산 위의 모세에게 그랬던 것처럼 홀연히 구름 속에서 한 줄기 계시가 내게 임한다. 나는 이렇게 중얼거린다.

"이제 알겠어. 그들이 나를 위해 일하고 있는 것이 아니라, 내가 그들을 위해 일하고 있었던 거야!"

그들이 나에 대해 품고 있는 실망감은 사실 그들이 모든 업무의 주도권을 내게 넘겼기 때문이라는 데에까지 생각이 미쳤다. 내가 죄책감을 느끼는 것도 내가 그것들을 다 처리하지 못하기 때문에 생긴 것이 아닌가.

현재 내가 안고 있는 문제는 스키너(B. F. Skinner. 미국의 심리학자로 신행동주의자의 한 사람; 편집자)가 말한 다음과 같은 고전적인 심리학 원칙에 그 뿌리를 두고 있었다. "어떤 행위든지 보상을 주면 더욱 강화되는 경향이 있다."

불현듯 지금 내가 이 사무실에서 그간 밀린 과제들을 다 해치운다 해도 사태가 더욱 악화될 것이라는 생각이 든다. 왜?

● 조지가 내게 넘긴 문제들을 내가 처리해 준다면 내가 조지에게 보상을 주는 셈이 되어 앞으로도 조지는 더욱 자주 문제를 들고 찾아오게 될 것이다.

● 마이크가 보낸 주간 업무보고서를 읽고 꼼꼼하게 답해 준다면 내가 마이크에게 보상을 주는 셈이 되는데, 이렇게 되면 마이크는 앞으로 점점 더 어렵고 상세한 업무보고서를 내게 보내 올 것이다.

즉 내가 이러한 일들을 처리해 준다면 나의 아웃풋(output)에 비해 훨씬 빠른 속도로 인풋(input)을 늘리는 결과를 초래할 것이다. 내겐 하루 24시간뿐인데, 이들 네 명이 인풋을 넣는다면 그들은 능력 이하로 일을 하게 된다. 한 사람의 '직원'이 네 명의 '관리자'를 위해 일할 수는 없는 노릇이다. 더욱이 그들 관리자들은 늘 그에게 무슨 일을 시킬 것인가를 생각하고 있는데 말이다!

네 명의 '숙달되고' '상상력이 풍부한' 상사로부터 업무지시를 받는다면 당신이 아무리 열심히 일하는 사람이라 해도 돌아올 것은 재앙뿐이다. 이를 달리 표현하면…

하면 할수록 더 많은 일감이 생겨날지니.

연습을 하면 할수록 실력이 느는 법이므로 내 부하들은 종국에 질문하고 요청하는 것에만 도통하게 될 것이다. 그때에 가서 내가 불의의 사고를 당하기라도 한다면 그들의 질문에 답을 줄 수 있는 사람은 아무도 없게 되는 것 아닌가. 그때 질문만을 일삼는 내 부하들을 회사는 어떻게 다루게 될 것인가? 이런 일은 경쟁사에서나 일어나기를 바랄 법한 일이다!

지금 내 의식 속에는 결코 지워지지 않는 계시의 말씀이 임한다.

더 많은 일에 파묻힐수록 더욱 뒤처질 것이다.

이 말씀은 오직 관리자의 업무에만 해당된다. 자영업자나 전문가에게는 해당되지 않는 말인 것이다. 자영업이나 전문업종의 경우는 일에 몰두할수록 생기는 것이 많은 법이다. 우리가 관리자가 되어서도 일에 몰두하는 것이 좋다고 생각하는 까닭은 자영업자나 전문직업인과 자신을 혼동하기 때문이다.

예를 들어, 당신이 엔지니어인데 설계능력이 뒤진다고 생각한다면 나는 당연히 이렇게 말해 줄 것이다. "주말에 사무실에 박혀서 과제에 몰두하라." 이렇게 하면 과제에 진척이 나타날 것이 분명하다.

또는 당신이 경리과에서 일하는데 회계를 잘 모른다면 역시 이렇게 말해 줄 것이다. "주말에라도 더욱 열심히 일을 하라." 그러면 실력이 늘 것이다. 그러나 당신이 관리자라면 업무에 몰두하면 할수록 당신은 더욱 뒤처지게 된다.

도대체 당신을 이처럼 안절부절못하게 하는 과업의 주인이 누구인가? 만약 내가 나의 서류가방을 경찰서, 범죄감식단, 지문조사반에 가져가서 종이에 최초로 묻은 지문을 감식하여 이 과업의 주인이 누구인지를 조사해 달라고 요청한다면 과업의 주인이 누구로 밝혀질 것인가?

나의 부하들이다. 나는 지난 15년 동안 한 번도 내 일에서 뒤처져 본 적이 없었다! 나는 언제나 부하들의 원숭이들에 둘러싸여 내 일이라는 것을 시작해 본 일조차 없었던 것이다!

여유시간을 위한 우선순위

순간 나는 이 주말에 사무실에서 단 일초라도 더 머무르는 것은 최악의 재앙을 초래할 뿐이라는 것을 깨닫는다. 나는 환상을 본 사람처럼 재빠른 동작으로 서류가방을 닫고 최대한 빠른 속도로 복도를 따라 나온다.

당직을 서고 있는 경비가 말한다. "언컨 씨, 그리 급히 어딜 가세요?" 나는 대답한다. "비켜 주세요. 어딜 가자고 이러는 게 아닙니다. 그저 떠나려고 그러는 겁니다."

나는 계단을 대여섯 개씩 건너뛰며 날듯이 주차장으로 내려와 차로 뛰어든다. 아무런 생각이나 목적지도 없이 10분간 운전하고 나서는 어느새 도시 변두리에 와 있는 자신을 발견한다. 나는 이곳이 어디인지 모른다. 나는 어디로 가야 할지도 모른다. 내게는 주말계획이 없다.

그제야 나는 하늘을 쳐다보며 이렇게 말한다. "주여, 여유시간을 가져도 뭘 해야 할지 모르겠군요. 15년이나 가져본 적이 없으니 말입니다. 무엇을 해야 할까요?"

그때 어디선가 음성이 들려 온다. "할 수 있는 것부터 차근차근 하여라. 네가 삶 속에서 맡고 있는 여러 역할들을 얼마나 충실히 수행하고 있는지를 점검해 보아라. 그러면 해야 할 일들이 많이 드러날 것이다."

나는 말한다. "저의 역할들에 대한 가장 최근의 평가를 들어 보신 일이 있으십니까? 아직 제게 기회가 남아 있을까요?"

음성이 말한다. "그렇다. 오늘 아침에도 확인하였다. 아직 너에겐 기회가 있다. 왜냐하면 다른 역할들은 거의 한 적이 없으므로 백지상태나 다름없기 때문이다. 처음 시작하는 기분으로 차근차근 시작하면 가능하다."

이러한 응답에 힘을 얻은 나는 차를 돌려 집으로 향했다. 지금도 여전히 토요일 오전이다. 나는 식구들이 제각기 흩어지기 전에 집에 도착하기 위해 전속력으로 달린다. 아슬아슬하게 시간에 맞춰 집 앞에 차를 급정거한 후 앞 유리를 내리고 이렇게 소리친다.

"여보! 애들아! 필요한 물건을 모두 챙겨라. 지금 다 같이 야외로 피크닉을 갈 작정이란다!" 식구들은 내가 말하는 피크닉이란 게 무엇인지 알고 있다. 그들에겐 매우 특별한 것이다. 최근 15년 동안 한 번도 간 일이 없으니 말이다. 어리둥절한 채 그들은 차에 짐을 싣는다.

우리는 함께 근교의 놀이동산에 가서 온종일 배드민턴, 배구, 원반던지기 등 각종 놀이를 즐기며 힘이 다 빠질 때까지 시간을 보낸다.

일요일 아침 나는 식구들과 함께 교회에 간다. 일요일에 식구들과 마지막으로 교회에 나간 게 언제였는지 기억도 가물가물하다. 그리고 그 날 오후에 우리는 다시 놀이동산으로 향한다. 저녁에 나는 완벽한 평화 속에서 잠에 빠져든다.

부하들로 인한 시간에서 여유시간으로

이야기를 이 정도에서 멈추고 무슨 일이 일어났는지를 돌아보자. 여기 몇 가지 질문이 있다.

● 토요일 아침 내가 사무실에 도착했을 때 나는 주말의 이틀을 완전히 쏟아 부으려 결심하고 있었다(원숭이 60마리 × 원숭이 당 30분=30시간 소요). 이 시간은 어떠한 시간인가? 부하들로 인한 시간인가, 아니면 여유시간인가? 부하들로 인한 시간이다.

● 그로부터 15분 후, 나는 아무런 주말계획도 갖지 않은 상태이다. 내가 어디에 있는지, 어디로 가는지도 모른다. 이제 내게 남은 이틀의 시간은 어떠한 시간인가? 여유시간이다.

불과 15분만에 이틀이라는 시간이 부하들로 인한 시간에서 여유시간으로 변한 것은 인간의 의지로 될 수 있는 일이 아니다. 이것은 신의 섭리가 개입한 결과이다. 내가 '인간의 의지'라 부른 것은 지금의 깨달음을 얻기 위해 15년이란 세월이 걸렸음을 의미한 것이다.

7

원숭이에게 주인 찾아주기

일요일 저녁 나는 10시간 동안 깊은 잠을 잔다. 너무 깊이 잠든 나머지 아내가 두 번이나 깨어 내가 죽은 게 아닌가 생각할 정도이다. 그때마다 아내는 전등불빛으로 내 얼굴을 비추고 혹시 무슨 일이 생긴 것이 아닌가 하고 들여다보지만 아내가 본 것은 천사같이 우아한 미소를 지으며 잠든 내 모습뿐이다.

나는 무엇 때문에 미소를 짓고 있을까? 지금부터 그 이야기를 해보겠다. 나는 월요일 아침에 부하인 조지, 마이크, 발레리, 그리고 데이브를 만났을 때 어떻게 해야 할지에 대한 확고한 계획을 세워두고 있다. 그것이 내가 미소를 띤 이유이다. 이후 나는 일요일 저녁이면 항상 잠들기 전에 다음 날 아침에 일어날 일에 대해 확고한 방침을 마련한다.

계획

내일 나는 내 등에 얹혀 있는 업무의 주도권을 부하들에게 이양함으로써 부하들로 인한 시간으로부터 벗어날 것이다. 그 대신 같은 양의 여유시간을 확보하여 그 시간에 부하들이 '원숭이를 돌보고 먹이 주는 일'을 잘 배우고 있는지 살펴볼 작정이다. 지금 나는 처음으로 부하들을 대신해서 일하는 것이 아니라 부하들과 더불어 일을 하고 있다.

또한 여유시간의 일부를 활용하여 상사로 인한 시간과 시스템으로 인한 시간에 처리되는 일들을 보다 충분하고 적절하게 통제하는 데 사용한다.

내가 이러한 일들에 대해 얼마나 통제력을 가질 수 있느냐 하는 문제는 내가 상사를 얼마나 만족시키고 또한 시스템의 요구에 얼마나 잘 순응할 수 있느냐에 달려 있다. 나의 성공여부는 나의 상사와 동료들, 그리고 부하들이 내가 하는 일을 얼마나 잘 이해하느냐에 달려 있다. 만약 그렇지 못하다면 그들은 하나같이 내 앞의 장애물로 변할 수도 있는 것이다.

추가적인 여유시간을 확보하여 창조적이고, 독창적이며 혁신적인 사고를 바탕으로 전략계획을 수립함으로써 나에 대한 회사의 기대를 충족시켜 주기 때문에 나는 보상을 받는 것이다. 그런데 여유시간 없이는 결코 창조적이고 혁신적으로 업무를 수행할 수 없다. 그리고 이러한 여유시간을 확보하기 위해서는 부하라는 환경을 통제할 수 있어야만 한다.

월요일 아침 10시간의 숙면 후 일어난 나는 아래층으로 내려가 아침을 먹고 원숭이가 든 우리를 집어들고 경쾌한 걸음으로 차고로 간다. 그리고 운전하는 동안 내내 휘파람을 불며 회사로 향한다.

주차장에 차를 세우고 회사건물로 들어가며 나는 지난 주까지 피해 다니던 인물들을 빨리 만났으면 하는 심정이 된다. 내 사무실에 거의 다 왔을 무렵, 이게 누구인가? 매우 눈에 익은 광경이 눈에 띈다. 문제의 '4인방'이 평소와 마찬가지로 내 사무실 밖 소파에 앉아 늘 하던 질문을 던지려고 포즈를 취하고 있다.

"예산초과분을 어떻게 처리할 작정이세요?"

"원가절감 프로그램을 어떻게 할 건가요?"

"진도가 좀 늦습니다. 며칠 내로 진척사항에 관한 보고서를 만들어야 하는데요."

"중요 고객 중 한 분과 관련된 문제를 어떻게 처리하실 작정입니까?"

지난주까지만 해도 나는 이들을 피해 다녔다. 나의 모든 문제가 이들로부터 생겨난다고 생각했기 때문이었다.

그러나 지금 나는 이들을 다르게 보고 있다. 내가 생각해도 지난 토요일 아침에 내게 일어난 일은 기적적으로 나를 변화시키고 말았던 것이다. 어떻게 48시간만에 미움이 사랑으로 변할 수가 있는 것인지. 초자연적인 신의 섭리가 아닐 수 없다.

내가 이들을 사랑하는 이유가 무엇일까? 그것은 내 생애 처음으로 그들에게서 원숭이를 수용할 수 있는 용기(用器)가 될 수 있는 가능성을 보았기 때문이다. 나는 내 등에서 바글거리는 원숭이들을 붙잡아 나를 포함해 우리들 다섯 명의 등에 골고루 싣는 상상을 해본다. 그렇게 되면 내 등의 원숭이 밀도는 80%가 낮아지는 셈이다(등 하나당 실려있는 원숭이 숫자를 '원숭이 밀도'라 부른다).

나는 내 생각을 드러내지 않기 위해 무표정한 얼굴로 그들 곁을 지나친다. 그러나 나의 연기가 미흡했던 모양이다. 그들은 내 눈에서 뭔가 활기찬 기운을 느낀다. 이러한 나의 변화는 그들의 마음에 동요를 일으키고 그들은 내가 지나칠 때 조용히 그리고 조심스럽게 쳐다볼 뿐이다.

비서는 내 행동에서 또 다른 변화를 눈치챈다. 사무실에 들어가면서 문을 닫지 않는 것이다. 나는 아직까지 한 마디도 하지 않았다. 그럼에도 불구하고 사무실 안의 모든 사람은 리더십 기류의 역동적인 변화를 감지하고 있다.

원숭이를 원래의 주인에게 돌려주기

나는 부하들을 하나씩 사무실로 불러들인다. 이러한 개인 면담의 목적은 원숭이를 붙잡아다 가운데 놓고 다음 행동이 그들의 것임을 함께 확인하는 데 있다.

어떤 원숭이들의 경우는 이렇게 하려면 뭔가 별도의 조치가 필요하다. 다음 행동이 매우 애매한 경우는 일단 원숭이를 조지의 등에 올려 놓고 하룻밤을 지낸 후 다음 날 아침 다시 만나 그가 할 수 있는 보다 구체적인 다음 행동을 함께 찾아본다.

물론 그것이 나의 원숭이일 수도 있다. 우리가 앞에서 '모든 원숭이는 자기 집이 있다'는 것을 살펴보았던 것처럼 말이다. 그러나 이 경우에도 그것을 증명할 책임은 누구에게 있는가? 그에게 있다. 심지어 그가 그 원숭이가 나의 것임을 입증하는 동안에도 그놈은 그의 등에 찰싹 달라붙어 있어야 한다. 그 후에 나는 이성적이고 합리적인 태도로 그 원숭이를 집어서 내 등에 올려 놓으면 된다. 그러나 주인이 없다고 해서 원숭이를 내 등에 올려 놓는 일은 삼가야 한다.

내가 개인적으로 경험한 바로는 원숭이가 일단 내 등에 한 번 뛰어오르면 나중에 그것이 부하의 것이라고 판명되어도 그놈을 붙잡아다 부하의 등에 되돌려주기란 몹시 어렵다. 그러므로 공연히 이러한 것으로 고민하지 말고 원숭이의 소유주가 분명히 밝혀지지 않으면 절대 뛰어오르지 못하도록 막아야 한다. 만일 그것이 부하의 것이라면 그것은 그의 다음 행동인 것이다.

내게 몇 마리의 원숭이가 있는데, 지금 당장은 어떻게도 처리할 수 없는 경우를 가정해 보자. 오직 나만이 좌지우지할 수 있는 원숭이들이다. 어떻게 데리고 있는 것이 좋을까?

당신의 과제일정 체계가 나의 것과 비슷하다면 성격이 특이

하거나 일회성 과제인 원숭이들은 둘 곳이 마땅치 않은 경우가 종종 있을 것이다. 이놈들은 신경을 써주어도 자칫 분실하기 쉽다.

이 경우 부하들에게 보관을 지시해 놓는 것이 좋다. 그들이 분실할 경우 그들은 불복의 죄를 뒤집어쓰게 되기 때문이다. 그러므로 뭔가를 잃어버리지 않는 최상의 방법은 그것을 파일해 두는 것이 아니라 부하에게 파일해 두도록 맡기는 것이다.

만일 그들이 그것을 제때에 찾아내지 못하면 직장경력에 흠집이 생기는 것이다. 당신이 지혜로운 관리자라면 사무실 내에 아무것도 지니고 있지 말아야 한다(그것은 모두 전방부대의 참호 속에 있어야 한다).

예를 들어 부하 중 한 명이 뭔가 일거리를 들고 왔는데, 찬찬히 보니 다음 행동을 취해야 할 사람이 나일 경우를 생각해 보자. 나는 이렇게 말할 수 있을 것이다.

"좋아, 내 원숭이인 것 같군. 나만이 할 수 있는 일이니까. 자네에겐 이 일을 할 권한이 없지. 그렇지만 조지, 내 책상 위에 가득 쌓인 일감을 좀 보게. 앞으로 하루 동안 이 일을 할 시간이라곤 전혀 없어. 그래서 말인데 조지, 이 원숭이는 그 동안 어디선가 좀 쉬고 있어야겠는데 자네 등 위가 안성맞춤일 것 같군. 부탁인데 이놈을 좀 보살피고 있다가 내일 다시 데리고 와 주게. 지금부터 딱 24시간 동안만 맡아 줘."

그는 원숭이를 업고 다시 나간다. 그러나 그 일에 대해 어떠한 행동도 취하지 않을 것은 물론이다. 그것은 나의 일이니까. 그렇지만 나도 손대지는 않을 것이다. 내 생각엔 아무 일도 안 일어나더라도 그것이 그의 서류가방 안에 있는 것이 내 가방 안에 있는 것보다 낫다.

그는 다음날 다시 찾아와 이렇게 말한다. "여기 원숭이 데리고 왔습니다." 내가 말한다. "어떤 모습을 하고 있나?" 그는 대답한다. "어제 데려갈 때와 똑같은 모습인데요." 다시 내가 말한다. "그래, 자네도 내 책상을 보면 알겠지만, 앞으로 하루 동안도 그것을 처리할 시간은 전혀 없을 것 같네. 하루만 더 돌보다 다시 연락해 주게나."

그는 자기 사무실로 돌아갔다 하루 뒤에 다시 나타난다. 나는 말한다. "어떤 모습을 하고 있나?" "전과 똑같습니다." 우리는 이렇게 하기를 반복한다. 이후로도 35번이나 가고 오기를 되풀이했지만 되어진 일은 아직 아무것도 없다. 여기서 명심할 것은 그 원숭이를 내가 보관하고 있었다 해도 역시 마찬가지였을 것이라는 사실이다.

내가 만일 그놈을 보관했다면 어디에 두고 있었을까? 과제 목록 파일에 보관하고 있었을 텐데 아마 그랬다면 그놈이 눈에 띌 때마다 마음이 편치 않았을 것이나. 대신 35번 가고 오기를 되풀이하는 동안 지치고 힘들어지는 쪽은 조지이다.

마침내 그는 내게 이렇게 말한다. "이 일을 얼마나 더 되풀이 해야 하죠? 이 원숭이를 벗어던지고 싶어요. 끈끈이액처럼 달라붙어서 떨어지질 않는군요. 어떻게 하면 떼어낼 수 있을까요?" 내가 대답한다. "나도 잘 모르겠네, 조지. 어떻게 하면 그 원숭이를 벗어 던질 수 있을지."

만일 내가 그 원숭이를 조지에게 인계하면서 어딘가에 파일해두라고 말했다면 그가 그처럼 걱정하지는 않았을 것이다. 그가 힘들어 하는 것은 매일 왔다가기를 반복해야 한다는 점이다. 나는 이렇게 덧붙인다.

"자네가 원숭이에게서 벗어나는 방법에는 딱 한 가지뿐인 것 같군. 그것은 자네가 그 일에 대해 아이디어를 생각해 내 보는 것일세. 물론 색다른 경험이겠지만 그리 움츠릴 필요는 없을 걸세."

마치 지금 '즐거움이냐, 고통이냐'라는 드라마를 연출하는 것 같지 않은가? 그의 앞에는 두 가지 선택대안이 놓여 있는데 모두 그리 유쾌한 것은 못 된다.

하나는 무의미한 왕복을 끝없이 되풀이하는 것인데 물론 즐거울 리 없다. 다른 하나는 아이디어를 짜내는 일인데 마찬가지로 즐겁지 않을 가능성이 크다. 당신 생각엔 둘 중에 어느 편이 그나마 덜 힘들겠는가?

아이디어를 내는 쪽이다. 그는 나가서 다른 사람들의 머리를 빌릴 수도 있고, 나만이 이 일을 할 수 있는 인물이 아니라는 것을 알게 될 수도 있으며, 이리저리 시험도 해보고, 다른 사람에게 적용도 해보다 마침내 내가 깜짝 놀랄 만한 아이디어를 갖고 돌아올 수도 있는 것이다.

조지는 원숭이를 들쳐업고 돌아서서 사무실 문을 나선다. 그가 나갈 때 나는 요 몇 년간 보지 못했던 뭔가를 본다. 조지의 등이다. 그 등에는 원숭이가 양어깨 사이에 정방형으로 매달려 있었다. 지금부터 다음 약속시간, 즉 '원숭이 배식 시간'까지 나는 그를 기다리게 될 것이다. 그가 나를 기다리는 것이 아니라 내가 그를 기다린다는 말이다.

그 날 오후 몇 차례 그의 사무실 곁을 지나가던 나는 머리를 들이밀고는 이렇게 말한다. "여, 조지, 어떻게 돼 가고 있어?"

분명히 말하지만 이보다 즐거운 일은 없다. 물론 그가 대답할 때쯤에 난 이미 복도를 따라 다시 걷기 시작하고 있으므로 그의 대답을 듣지 못한다. 사실 나는 그의 대답엔 관심도 없다. 원숭이 배식 시간이 되면 다 알 수 있을 것이기 때문이다. 그저 나는 가끔씩 그 질문을 하고 싶을 뿐이다. 내겐 너무나 신비한 경험이니까. 이것이 '관리자를 위한 업무요법'이다.

부하육성

지금 원숭이를 데리고 있는 사람은 누구인가? 조지이다. 누가 일의 주도권을 가졌는가? 조지이다. 업무의 타이밍과 내용에 대해 통제권을 행사할 사람이 누구인가? 조지이다. 그러나 더 많은 여유시간을 갖게 된 사람은 누구인가? 아하, 나다.

이것이 '프로 관리자가 부하를 육성하는 방식'이다. 그러나 조지가 자신이 꿈꾸는 진정한 관리자가 되기에는 아직도 가야 할 길이 멀다.

그러나 어떤 여행이든지, 설령 그것이 수천 마일의 여행이더라도 처음에는 한 걸음부터 시작하는 법이다. 업무수행에서 한 걸음이란 다음 행동 또는 주도적 실천을 의미하는데 이것이 바로 '원숭이'이다.

만일 조지가 원숭이 관리를 전혀 해본 적이 없다면 '우울' 증세를 보일 수도 있다. 신경쇠약이나 현기증, 두통 등을 겪을 수도 있다. 그는 원숭이를 제거하는 데 도움을 받기 위해 상사인 나를 찾아올 것이다. 많은 경우 부하들이 상사를 찾는 이유는 해결책을 찾기 위해서가 아니라 해결사를 찾기 위해서이다!

그래서 나는 조지에게 이렇게 말한다. "정말이지 내가 도움이 될 수 있었으면 좋겠네. 자네를 돕는 것이 내 임무일세. 그런데 자네를 도우려면 우선 상황이 어떤지를 이해해야 하고 다음으로 기본전제를 분명히 해야 하네. 이러한 것들이 선행되어야 자네를 도울 수 있단 말일세. 첫째, 상황 말인데, 조지, 말해 보게. 이 문제는 자네의 문제인가 아니면 나의 문제인가?"

조지가 대답한다. "애초부터 저의 문제로 설정되었던 것 같군요."

내가 말한다. “좋네. 그러면 다음과 같은 기본전제를 확실히 하세.”

내가 어떤 문제로 당신을 돕는 동안
그 문제가 나의 문제가 되는 일이 생기면 안 된다.

“왜냐하면 당신의 문제가 나의 문제가 되어버리면 당신은 더 이상 문제를 갖지 않게 될 것인데 아무런 문제도 갖지 않은 사람을 도울 수는 없기 때문이오. 난 당신을 돕고 싶소.”

“그러니 이 회의가 끝날 때 그 문제는 이 사무실로 들어왔던 그대로 당신의 등에 얹혀 떠나가야 하오.” 이것은 물리학의 기본 법칙을 보여주는 한 사례이다. 산출량이 투입량과 동일하다면 축적은 있을 수 없다.

“당신은 언제든 약속시간에 만나 내 도움을 청할 수 있소. 우리는 다음 행동이 무엇이 되어야 할지, 우리 중 누가 그것을 해야 할지 등을 함께 결정하게 될 거요.”

“드문 경우이겠지만, 다음 행동을 할 사람이 내가 된다 해도 우리는 그것을 함께 결정할 것이며 나 혼자는 어떠한 행동도 하지 않겠소. 기본전제에 따라서 말이오. 알겠소?”

그는 대답한다. "예."

내가 말한다. "그런데 언제 다음 행동을 시작할 작정이오?"

그가 대답한다. "우선 오늘 오후에 경리과에 가서 얘기를 할 겁니다."

"언제쯤 결정을 마치고 내 사무실로 올 수 있겠소?"

그가 말한다. "내일 오전 9시." 그는 일어나 나간다. 원숭이는 그의 등에 타고 있다. 나는 내 달력에 일정을 기입한다. 향후 24시간 동안은 그가 나를 기다리는 것이 아니라 내가 그를 기다리게 될 것이다.

내가 왜 나의 달력에 약속 일정을 기입하는지 독자들은 그 이유를 잘 알 거라 믿는다. 이것은 부하를 억압하기 위한 것이 아니라 그가 정확한 시간을 알도록 해주려는 것이다. 만일 그가 이 시점에 나타나지 않거나 빈손으로 나타난다면 불복을 저지르는 셈이 된다. 부하가 찾아올 것을, 또는 뭔가를 준비해서 찾아올 것을 지시하는 것이 전혀 무리한 요구가 아니기 때문이다.

점검은 지연의 가능성을 제거하기 위해 필요하다. 왜? 부하들은 당신이 점검하는 것을 존중할 뿐, 당신이 기대하는 모든 것을 존중하지는 않기 때문이다. 원숭이 배식을 위해 약속시간을 정하지 않는다면 일이 지연되는 것을 피할 수 없다. 약속이 없다면 지각이란 있을 수 없으며 지각의 가능성이 없다면 (그래서 어떤 벌칙도 없다면) 행동하려는 동기가 약해진다. 모든 사람을 위해서라도 진척점검을 위한 일정을 세워야 한다. 이것은 원숭이의 건강을 유지하는 데 대단히 유용하다.

정신건강 회복하기

처음으로 성공리에 이빨을 뽑아 낸 젊은 치과의사처럼 기분이 좋아진 나는 소리친다. "다음." 나는 빠른 속도로 부하들을 차례로 만나 일을 결정짓는다. 오전 10시 반이 되자, 나는 모든 원숭이들을 그들이 본래 있던 자리로 되돌려 놓았다.

내가 프로 관리자로 변신한 결과:

- 더 이상 부하들의 원숭이를 데리고 다니지 않는다,

- 사무실 밖의 4인 의자가 비게 되었다,

- 부하들을 억압하지 않는다,
- 그들의 실망의 대상이 되지 않는다, 그리고
- 더 이상 죄책감에 시달리지 않는다.

조직 내에서 불만과 죄책감을 줄이는 일은 모든 사람의 정신건강을 위해 유익한 일이다. 그런데 명심할 것은 이것이 명백한 진보이기는 하지만, 그들이 더욱 행복해진다는 뜻은 아니다. 그들은 단지 정신적으로 더욱 건강해지는 것이다.

이제 부하들은 업무가 너무 과중하다는 점에 대해 불만을 갖기 시작한다. 물론 실제 업무가 과중하지는 않다. 모든 것은 상대적인 것이다. 그들이 아무것도 하지 않는 시절에 비하면 상대적으로 과중하다고 생각할 뿐인 것이다.

그들은 온갖 용어를 동원하여 나를 야유한다. '빈둥빈둥 언컨' '배신자 언컨' '일 부리기 언컨' 등등. 내가 갑자기 권위적이고, 가혹하고, 독재적인 도깨비로 변신하자 부하들은 서로 동정하기에 이른다.

업무가 지나치게 많다는 부하들의 생각, 이 새로운 현상이 의미하는 바는 무엇인가? 그들이 일을 하지 않던 시절에 지녔던 실망감이 이젠 업무과중이라는 느낌으로 대체된 것이다. 진정으로 사람을 망치는 것이 무엇일까? 업무과중일까 아니면 실망감일까? 실망감이다!

업무과중이 사람을 망치는 법은 없다. 업무를 많이 줌으로써 사람을 망칠 수는 없다. 정말 사람을 망치고 싶다면 그들의 원숭이를 모두 넘겨받아 당신의 금고 안에 가두는 것이 가장 빠른 길이다. 원숭이에게 손끝 하나 대지 못하게 하고 3개월만 지나면 그들은 벽을 기어오르기 시작한다. 실망감으로 인한 죽음이 시작되는 것이다.

내 사무실 밖의 의자들은 11시 반이 되어도 빈 채로 놓여 있다. 우리는 어느 정도의 불평과 불만을 감수해야 하지만, 정신건강을 회복하는 단계에 들어서고 있다. 이것이 정상이며 소망스런 상태이다.

주도권 이양

등에 탄 원숭이 이야기의 핵심은 업무의 주도권을 부하에게 이양하라는 것이다. 그러나 관리자는 부하들의 주도권을 육성하기 전에 그들이 주도권을 갖고 있는지를 잘 관찰해야 한다. 한번 관리자가 주도권을 회수하면 부하들은 더 이상 그것을 가지려 하지 않을 것이다. 이렇게 되면 관리자는 여유시간을 갖지 못하게 될 가능성이 많다. 결국 부하로 인한 시간의 비중이 다시 커진다.

관리자와 부하가 동시에 어떤 일의 주도권을 쥘 수는 없다. "저, 우리에게 문제가 생겼는데요"라는 말은 앞에서 보았듯이 두 사람의 등에 양다리를 걸친 원숭이를 나타내는데 원숭이가 그릇된 길로 접어드는 첩경이다.

부하로 인한 시간과 여유시간의 가장 중요한 차이가 이것이라면 당신이 항상 필요로 하는 여유시간을 확보하기란 상대적으로 쉬운 일이다. 당신은 오로지 원숭이를 그것이 본래 있던 자리, 즉 부하의 등위에 올려 놓기만 하면 된다.

8

원숭이+자유=권한위양

언컨 자유수준 척도는 부하들이 상사와 관련하여 행사할 수 있는 주도권의 수준을 다음과 같은 5단계로 구분한다.

(5) 자유롭게 행동하고 일상적으로 보고한다(최고수준).

(4) 행동한다, 그러나 '즉시' 보고한다('즉시'라는 말은 '일상적으로'라는 표현보다 더 빈번함을 뜻한다).

(3) 제안한다, 그리고 그것을 행동으로 옮긴다.

(2) 무엇을 할지 묻는다.

(1) 지시가 있을 때까지 기다린다(최하수준).

관리자의 목표

프로의 마음가짐으로 직장생활을 하는 사람이라면 그 누구도 상사와의 관계에서 자유수준 척도 (1)과 (2)의 단계에서 일을 해서는 안 될 것이다. 그리고 관리자는 자신의 부하가 그런 식으로 일하도록 두어서도 안 된다.

자유수준 척도 (1)을 활용하는 관리자는 과업의 타이밍이나 내용을 통제할 수가 없다. 그래서 그들은 지시받은 내용이나 시기에 대해서도 전혀 불평할 권한을 갖지 못한다. 척도 (2)를 활용하는 관리자는 타이밍에 대해서는 어느 정도 통제할 수 있으나 내용에 대해서는 전혀 통제권을 갖지 못한다. 척도 (3)과 (4), 그리고 (5)의 단계에서 관리자는 이 두 가지를 모두 통제할 수 있는데, 물론 자유수준 척도 (5)단계에서 통제력이 가장 크다.

만일 우리가 위대한 경영컨설턴트이자 인간욕구 단계설을 주장하였던 에이브러햄 매슬로(Abraham Maslow) 박사에게 인간의 자아실현욕구는 언컨의 자유수준 척도 상 어느 단계에서 실현 가능한가 하고 묻는다면 아마 그는 분명히 "가장 높은 단계에서"라고 대답할 것이다.

그럼에도 불구하고 나의 부하들이 15년간이나 자아실현 욕구나 조직의 이익과는 배치되게 한결같이 자유수준 척도 (1)과 (2)단계에 머무르고 있다면 그 까닭은 무엇일까? 그것은 내가 그러한 행동에 대해서 보상을 해주었기 때문이다. 스키너가 지적했듯이 당신이 어떠한 행동에 대해 보상을 지불한다는 것은 곧 그러한 행동을 강화하는 효과를 가져온다.

우리가 조직생활에서 필요로 하는 것은 상사에 대한 신뢰가 아니라 자기 자신에 대한 신뢰이다. 업무를 자율적으로 해나가는 사람은 일이 되게끔 필요한 행동을 취한다. '행동'이라는 말은 최소한 자유수준 척도 (3)단계 이상에서나 가능한 말이다. 관리자로서 우리의 목표는 두 가지이다.

- 직접 보고를 통해 자유수준 척도 (1)과 (2)단계를 극복함으로써 부하들이 스스로 아이디어를 내고 이것을 '판매'할 수 있도록 한다.

- 부하들의 등에 얹혀 사무실을 떠나는 모든 원숭이(과제)들에 대해 적정한 자유수준을 부여하고 차기 배식을 위한 일정과 장소를 합의한다. 이 경우 관리자는 앞의 일정과 장소를 업무계획서에 반드시 기록하여 원숭이가 굶어 죽지 않도록 신경을 써야 한다.

조직 전체를 혼란에 빠뜨리지 않으면서 자유수준 척도 (1)과 (2)단계를 극복하는 방안은 무엇일까?

'할 일을 정해 주세요' 형

늘 '할 일을 정해 주기만을 기다리는' 사람들을 변화시키는 방법은 무엇일까?

가장 원론적인 방법은 '직무기술서를 작성하는 일'이다. 물론 대부분의 사람들에게 있어서 직무기술서를 작성하는 일은 그다지 흥미로운 일이 되지 못한다. 왜냐하면 이것과 관련하여서는 대개 쓰린 경험이 수반되기 때문이다. 그러나 이런 식으로 따진다면 우리가 매일 아침 사용하는 면도날도 마찬가지다.

직무기술의 진정한 목표는 개개인이 의무와 책임을 나열해 보는 것이다. 어느 누구에게도 이 책임과 의무에 대해 아무것도 하지 않을 권리는 없는 것이다. 전형적인 직무기술서는 일반적인 의무와 책임, 역할과 기능에 대해 광범위하게 나열하는 것이 보통이다.

만일 관리자가 이 중의 한 가지를 하지 않았다면, 그는 이미 그의 권한을 넘어선 것이다. 왜냐하면 그에게는 아무것도 하지 않을 권리가 없기 때문이다. 아무것도 하지 않겠다는 의사결정은 뭔가를 하겠다는 의사결정만큼이나 중요하다. 만일 관리자가 아무것도 하지 않을 결정을 할 권한을 갖지 못했다면 뭔가를 할 수밖에 없는 것이다.

예를 들어, 내 밑에서 일하는 마이크와 내가 최근 그가 수행하는 업무를 확정짓고자 함께 직무기술서를 작성하고 있다고 가정해 보자. 나는 그에게 1번 항목이 어떻게 되고 있는지를 물을 것이며 그는 대답할 것이다. 2번 항목도 마찬가지다. 그런데 3번 항목에 이르렀을 때 내가 "마이크, 자네가 한 일이 뭔가"라고 묻자 그는 이렇게 대답한다. "그 문제에 상당한 시간을 들이고 있습니다."

나는 말한다. "나도 알고 있네, 마이크, 그러나 최근까지 뭔가가 진행되었음을 보여주는 흔적, 즉 눈에 띄는 결과가 있나? 오해하지는 말게, 마이크. 난 지금 자네의 성과를 평가하려는 것이 아니야. 단지 현황을 파악하는 것뿐일세."

얼마나 많은 관리자들이 있지도 않은 성과를 평가하려 하는지 알고 있는가? 상사가 볼 수 없다면 그것은 없는 것이다.

'할 일이 뭐죠?' 형

늘 '해야 할 일을 묻는' 사람들을 변화시키는 방법은 무엇일까?

만일 부하들이 자신들이 책임지고 있는 업무영역 내에서 무엇을 해야 할지를 당신에게 묻는 일이 발생하였다면 이 사실이 뜻하는 바는 현재 그들은 아무것도 하지 않고 있다는 것이다. 뭔가를 하도록 지시받고도 아무것도 하지 않았다면 그것은 불복이다. 우리는 부하들이 주도적으로 업무의 수행에 필요한 행동을 취하기를 바란다. '행동'이라는 말은 자유수준 척도 (3)단계 이상에서나 가능한 말이다.

이제 부하들의 직무기술서에 나열된 각각의 책임들 맞은 편에 그들이 가져야 할 권한(또는 자유수준)을 써넣어 보기를 바란다. 각각의 업무책임에 3, 4 또는 5를 써넣어라. 무엇이 그들의 권한수준을 결정하는가? 과제와 그것을 성공적으로 수행할 부하의 능력에 대해 갖게 되는 걱정심리, 이것이야말로 부하의 권한 수준을 결정하는 유일한 기준이다.

부하들의 직무기술서에는 권한의 수준이 모두 5, 4 또는 3만으로 적혀 있음에도 불구하고 그들 중 한 사람이 찾아와 이렇게 말한다. "내가 어떻게 하면 좋을까요?" 당신은 미소를 띠며 이렇게 말할 수 있을 것이다. "그 질문은 자네의 직무기술서에 있는 어느 부분인가와 관련된 것 아닌가?" 그는 이렇게 말한다. "그렇군요, 생각해 보니 제 책임하에 있는 9번 항목이었습니다." 그러면 당신은 그가 다음 번에 당신을 찾아올 때는 당신의 취향까지를 충분히 고려하여 수용가능성이 높은 대안을 가지고 오라고 요구한다.

흔히 사람들은 내게 이같이 묻는다. "사람들이 주도적으로 일을 해나가도록 하려면 어떻게 해야 됩니까?" 나는 이렇게 대답한다. "다른 대안을 다 제거해 버려야 합니다."

높은 자유수준에 이르도록 코치하기

당신의 부하들이 상호의존적인 팀의 자립심 있는 멤버로 남기를 원한다면 절대 그들의 일을 대신 해줘서는 안 된다! 부하들이 당신의 도움을 청하러 찾아오는 경우가 있을 것이다. 그러나 많은 경우 그들이 원하는 것은 도움이 아니다. 그들이 진정으로 원하는 것은 당신이 그들의 무기에 손을 얹고 방아쇠를 당겨 주는 일이다. 사격코치들은 이렇게 말한다. 팀을 승리로 이끌기 위해서는 멤버들에게 필요한 도움을 아끼지 말아라. 그러나 그들의 방아쇠 고리에 손가락을 넣어서는 안 된다.

만일 당신이 방아쇠마저 당겨 준다면 도대체 누구의 사격실력이 늘겠는가? 당신인가 아니면 그들인가? 당신이다. 당신이 월급을 받는 것은 누구의 실력이 느는 대가인가? 그들이다. 그러므로 모든 필요한 도움을 제공하되 그들의 무기에 손대는 일이 있어서는 안 된다.

마침내는 그들도 도움을 받는다고 해서 모든 것이 해결되는 것이 아님을 알게 될 것이다. 이렇게 되면 그들에게 문제가 발생하더라도 그것을 위해 당신의 사무실에서 시간을 낭비하기보다는 스스로 목표조준에 힘쓰는 것이 더욱 바람직하다는 사실을 깨닫게 될 것이다.

자유수준 척도 (4)와 (5)단계는 노력을 통해 얻을 수 있는 지위이다. 이것은 물론 타이틀이나 권리는 아니다. 이러한 지위는 자신의 아이디어나 제안을 상사에게 납득시킬 수 있는 능력을 갖추고 있음이 널리 알려질 때 가능하다. 그리고 그러한 평판은 자유수준 척도 (3)단계에서야 비로소 개발이 가능하다 당신의 부하 중 한 사람이 자유수준 척도 (3)단계에서 더 높은 단계로 가기 위한 노력을 시작한다고 가정해 보자. 과업을 수행하다 뭔가 일이 터지면 그는 당신에게 달려와 이렇게 말할 것이다. "문제가 생긴 것 같습니다. 이것을 처리하는 데는 3가지 정도의 대안을 생각해 볼 수 있죠."

그는 그것들을 더욱 자세히 설명한다. "A, B 그리고 C가 그것입니다." 그리고 계속해서 이렇게 말한다. "A의 장단점은 이러이러하고, B의 장단점을 이러이러하며, 마찬가지로 C에도 이러이러한 장단점이 있습니다. 그런데 내 생각에는 대안 C가 현실적으로 가장 유리한 방안일 것 같습니다."

그는 지금 무엇을 하고 있는가? 자신의 아이디어를 당신에게 판매하고 있는 중이다. 그는 당신이 자신의 제안을 수용하도록 설득하고 있는 것이다.

그는 지금 어떤 역할을 수행 중인가? 판매원이다. 우리는 그의 상품의 품질이 좋기를 바란다. 그러나 꽤 괜찮은 아이디어를 갖는 것만으로는 부족하다. 판단이라는 측면에서 옳아야 할 뿐 아니라 아이디어가 더 높은 관리자들에게 수용되고 지지를 받을 수 있어야 하는 것이다. 이게 안 되면 아무것도 하지 않은 것이나 마찬가지다.

누군가가 구매하지 않는 상품이나 서비스의 가치란 무엇일까? 그것은 무가치한 것이다. 자유시장경제하에서 재화의 가치를 결정하는 것은 시장이다. 그러므로 상품에 내재하는 고유의 가치라는 것은 허구이다. 마찬가지로 경영 아이디어 자체는 아무런 가치도 갖지 않는다.

관리자들이 내게 "나는 멋진 아이디어를 수십 개나 갖고 있어요. 그렇지만 사무실에 앉아 있는 저 멍청한 친구들이 그 아이디어의 가치를 알 것 같아요? 천만에요. 그들은 소극적이고 소심하죠. 언제나 전통적인 사고방식만을 고집한다니까요"라고 말한다고 치자. 나는 당신에게 이렇게 물어 보겠다. 그 아이디어들의 진짜 가치는 어느 정도인가? 대답은 '아무런 가치도 없다'이다. "음식에 대한 판단은 요리사가 하는 것이 아니라 고객이 하는 것이다."

나의 부하가 내게 자신의 아이디어를 파는 데 성공한다면 그는 그 결과로서 파생된 행동을 실천에 옮기게 될 것이다. 그는 자신이 처한 상황에서 이용할 수 있는 최상의 판매기법을 활용할 것이다.

완벽한 참모 활동

판매원의 노련미를 가장 잘 드러내는 것이 군대 개념인 소위 '완벽한 참모 활동'이라는 것이다. 이것은 지휘관이 최종적인 의사결정, 즉 "가라" 또는 "가지 마라"만을 결정할 수 있도록 그 이전까지의 모든 준비를 완벽하게 해 두는 것이다.

물론 이상적인 세계에서라면 모든 과제준비가 완벽하게 이루어져 상사는 최종적으로 그저 한 번 읽기만 하고 실행여부를 결정할 수 있어야 할 것이다. 그러나 이러한 생각에는 감정적인 요인이 고려되어 있지 않다.

완벽한 참모 활동을 위해서는 충분한 대화가 필수적이다. 그래야 상사가 마음에 여유를 가질 수가 있는 것이다. 이렇게 함으로써 그는 부하의 능력에 신뢰감을 가질 수 있고 부하의 개성과도 조화를 이룰 수 있으며 부하가 작성한 제안서는 물론 부하의 인격에 대해서도 존중하는 마음을 가질 수가 있는 것이다. 이 모든 것은 상사의 의식 속에서 함께 일어나는 일인데, 이렇게 되면 비로소 부하는 행위를 할 수 있는 지위를 획득하게 된다.

우리 집에서 이와 같은 지도원리를 실천에 옮기신 분은 나의 아버지셨다. 내가 고등학교에서 2차 방정식에 대해서 배울 때였다. 그때 나는 모르는 것이 생기면 어머니께 달려가곤 했다. 어머니는 여름학기에 대수학을 가르치신 적이 있는 분이었다.

나는 어머니께 이렇게 말하곤 했다. "엄마, 이 문제는 어떻게 풀어야 해요?" 어머니는 말씀하셨다. "내가 푸는 방법을 보여주마." 그리고 나를 위해 그것을 풀어 보이셨다. 그러면 나는 다음 문제를 가리키며 이렇게 말했다. "엄마, 이것은 어떻게 풀어야 해요?" 어머니는 말씀하셨다. "내가 푸는 방법을 보여 주마." 그리고 그것도 풀어 주셨다. 그렇게 어머니는 10문제를 풀어 주셨다.

나는 어머니가 '풀어 준 것'을 보고 그대로 베껴 썼다. 그리고 학교에 가서 100점을 받았다. 나는 돌아와 아버지께 달려갔다. "아빠, 나 100점 맞았어요." 아버지는 이렇게 말씀하셨다. "아니지, 네 엄마가 맞은 거지." 당시 나는 아버지의 말씀을 이해할 수 없었다. 어머니의 도움을 받긴 했지만 100점을 받은 것은 분명 나라고 생각했던 것이다.

그런데 나의 이 같은 도움요청이 연일 계속되자 어머니는 지겨우신 듯 어느 날 마침내 이렇게 말씀하셨다. "얘야, 사실은 네 아빠가 옛날에 고급수학을 4년 동안이나 가르치신 적이 있단다. 여기에 대해서는 나보다 훨씬 잘 알고 계실게다. 아빠에게 여쭤 보거라."

내가 아버지께 도움을 청하려 갔을 때 이렇게 말씀하셨다. "널 도와 준다니 재미있을 것 같구나. 그런데 나는 질문에 대답하는 방법을 잊어버렸다. 그래도 그것들을 질문하는 요령은 매우 잘 알고 있단다. 나의 이러한 단점을 메우려면 네가 좀더 애를 써야 할 것 같구나. 나는 물을 수만 있지 대답할 수는 없기 때문이야. 지금부터 우리 각자가 해야 할 일을 나누어 보자꾸나. 즉 나는 질문을 하고 너는 그것에 대답을 하도록 하자. 자, 내가 뭘 도와 주면 되겠니?"

나는 말했다. "이 문제를 어떻게 풀어야 해요?"

아버지가 대답하셨다. "잠깐, 내가 질문을 해야지. 지금부터 네가 이 문제에 총력을 기울여 매달려 보고 다시 찾아오너라. 언제쯤 가능하겠니?"

나는 대답했다. "글쎄요, 30분 정도?"

그러자 아버지는 말씀하셨다. "좋아."

30분 후에 내가 한 것을 보여드렸다. 아버지는 이렇게 말씀하셨다. "이렇게 해서는 안 될걸. 틀렸어."

내가 말했다. "뭐가 틀렸죠?"

아버지가 말씀하셨다. "네가 찾아보도록 해라."

다시 찾아갔을 때 아버지는 내가 한 것을 보시고 이렇게 말씀하셨다. "또 틀렸어."

처음에 아버지는 질문만 하고 그것에 답하는 일은 내가 하기로 하였으므로 뭐가 틀렸는지를 물어 볼 수도 없는 노릇이었다.

아버지는 계속해서 나를 뺑뺑이 돌리셨는데, 9번째쯤 내가 한 것을 들고 갔을 때 비로소 맞았다고 말씀하셨다. 한 시간 30분 후였다. 다음 문제를 푸는 데는 한 시간이 걸렸는데, 이런 식으로 자정이 될 때까지 나는 겨우 10문제 중 3문제만을 풀 수 있었다. 결국 나는 다시 어머니에게로 갔다. "엄마, 제가 문제 푸는 것을 좀 도와 주세요."

어머니는 이렇게 말씀하셨다. "아빠에게 가 보라고 했잖니.

아빠는 나보다 훨씬 더 잘 아신단다."

나는 말했다. "그러신 줄은 알아요. 그렇지만 나는 그렇게까지 많이 배우고 싶지는 않아요."

이와 같은 일이 현재 우리의 부하들에게 일어나고 있다. 그래서 이들은 자유도를 높이려는 시도에 대해 몹시 신경질적으로 대응한다. 코치의 목적은 부하들이 스스로를 신뢰하도록 만드는 것이다. 스스로에 대한 신뢰는 자기훈련과 인내, 일관성 있는 노력을 통해서만 얻어질 수 있는 특질이다.

Monkey Business

9

원숭이와 고릴라를 돌보는 6가지 룰

일단 원숭이를 누군가에게 떠맡겼다면 원숭이의 건강이라는 또 다른 관점에서 추가적인 예방조치를 생각해 두지 않으면 안 된다. 원숭이가 안전하고 관리자가 자유를 누린다는 사실이 원숭이의 생존에 확실한 안전판이 될 수는 있지만 이것이 원숭이의 번영까지를 의미하는 것은 아니다.

이제부터 나는 원숭이와 고릴라를 돌보는 6가지 룰에 대해 설명할 것이다. 여기서 원숭이에게 먹이를 주는 시간이란 당신이 누군가에게 특정 원숭이에 대해 "잘 되고 있나"라고 물은 후 전개되는 일련의 토론에 소요되는 시간을 의미한다. 이와 같은 질문을 원숭이나 고릴라의 생애 동안 몇 번이고 되풀이 할 수 있는데 그 횟수는 당신이 이것들에 대해 얼마나 관심이 있느냐에 따라 좌우된다.

먹이를 주는 시간은 조그만 원숭이(소형 과제)인 경우 불과 몇 분만이 걸릴 수도 있고 큰 고릴라(대형 프로젝트)의 경우에는 몇 시간이 소요될 수도 있다. 먹이를 주는 물은 그것이 원숭이이건 고릴라이건 상관없이 동일하다. 그러나 프로젝트일 경우는 내용이 복잡하므로 더욱 많은 대화를 필요로 할 것이다.

초기 단계의 2가지 룰

RULE 1: 먹이든지 사살하든지 하라. 그러나 굶겨 죽이지는 말아라.
RULE 2: 당신의 부하는 당신이 관찰할 수 있는 수효만큼의 원숭이나 고릴라만을 관리하려 할 것이다.

나는 초기단계의 2가지 룰을 잭이라는 사나이의 이야기를 통해 설명할 작정이다. 내가 그를 알게 되었을 때 그는 직원수가 2천 5백명 가량인 시카고의 한 회사에서 수석부사장으

RULE 1

당신의
원숭이나 고릴라가
굶어 죽지 않도록 하라!

로 근무하고 있었다. 당시 그 회사는 약 2년에 걸쳐 사업부와 인력을 대폭 줄이고 있었는데, 잭은 바로 이 일을 위해 채용된 것이었다. 즉 그는 인력감축을 위해 고용된 '저승사자'인 셈이었다.

나는 잭이 그 회사에서 1년쯤 근무한 시점에서 그를 처음 만났다. 그는 내게 컨설팅업무의 일부를 맡겼으며, 나는 매달 초 3일간 회사에 출근하여 기획하고 보고서를 쓰는 일을 담당하였다.

최고경영층의 반란

한번은 내가 회사에 출근하니 잭이 로비에서 나를 기다리고 있었다. 잭은 재빠르게 나를 자신의 사무실로 데려가 문을 닫고는 낮은 톤으로 그가 고민하고 있던 문제를 털어놓기 시작했다. "지금 나는 밥과 심각한 갈등상태에 있어요."

밥은 R&D 담당 부사장이었다. MIT 공대에서 기계공학으로 석사학위를 받고 35세의 젊은 나이에 부사장이 된 밥은 현재 6명으로 구성된 R&D 부문을 책임지고 있었다.

"내가 여기서 근무하던 지난 1년 동안 밥은 점점 비협조적으로 변해 가고 있어요. 더욱이 밥은 카리스마가 강한 인물이어서 그를 따르는 부사장들이 많기 때문에 문제가 더욱 심각합니다. 그 바람에 현재 최고경영층은 파업상태에 돌입한 것이나 다름없어요. 우리는 이 일을 당장 중단시켜야 합니다! 유일한 방법은 밥을 우리의 통제하에 들어오도록 하는 것이죠. 그렇게만 된다면 다른 부사장들도 그를 따를 겁니다."

"제가 어떻게 하면 되죠?" 내가 물었다.

그러자 잭은 이렇게 말했다. "일정을 확인해 보니 오늘 점심을 밥과 함께 드시더군요. 식사를 하는 동안 나에 대한 그의 생각을 파악하여 제게 좀 알려 주시겠습니까?"

글쎄, 난 심리학자가 아닌데…. 받아들이기 어려운 과제였으나 거부하기는 더더욱 어려웠다.

그 날 오후 좀 늦게 나는 밥과 함께 점심을 먹었고 나는 그 자리에서 잭의 고민에 대해 이야기를 꺼냈다. 내가 말을 마치자 밥은 잠시 동안 생각에 잠겨 있다가 말했다. "잭의 말이 옳아요. 지금까지 나는 그에게 비협조적이었죠. 그러나 앞으로도 그와 협조하고 싶은 생각은 없어요."

"맙소사!" 내가 소리쳤다. "뜻밖의 말씀이군요. 도대체 무슨 일이 있었던 겁니까?"

"들어봐요, 언컨 선생. 잭은 모든 문제를 혼자 처리하려 하고 있어요. 당신도 아시다시피 그는 매우 똑똑한 인물입니다. 160의 IQ로 16세에 대학을 졸업했고, 18세에 MBA를 획득했으며 시카고에서 직장생활을 시작한 이래 초고속승진을 거듭했죠. 바로 이 똑똑하고 창의적인 인물 때문에 지금 나와 내 부하들은 거의 미칠 지경입니다."

"잭은 매일 아침 30분 먼저 출근하여 이메일을 점검하고 보고서를 통해 전날의 판매와 업무현황을 샅샅이 파악합니다. 그리곤 모든 숫자를 컴퓨터처럼 자신의 두뇌에 순식간에 입력시키죠. 그리고 나서 사무실들을 헤집고 돌아다니기 시작합니다. 복도에서 조를 만나기라도 하면 이렇게 말하죠. '혹 시간이 되면 3동 건물의 안전장치와 관련한 문건을 좀 검토해 주게나.'"

"그리고 다른 사무실에서 헨리와 마주치면 이렇게 말합니다. '경비를 더욱 축소해야 할 상황이야. 어제 인사과에서 노조에 소속된 기술자 4명이 다음달에 사직할 거라고 하던데, 잘하면 인력재배치 없이도 자연감원이 가능할 것 같아. 시간을 좀 내서 좀더 효과적인 방법은 없는지 알아봐 주게.'"

"이런 식으로 잭은 계속해서 아이디어를 내고 돌아다니죠. 이쪽에서 만난 사람에게는 이런 아이디어를, 저쪽에서 만난 사람에게는 저런 아이디어를 주는 식입니다. 그러면 아이디어를 받는 쪽에서는 이렇게 말하죠. '즉시 조치하겠습니다, 잭. 지금 즉시 말입니다. 걱정하지 마십시오. 제가 처리하겠습니다.' 이것이 그가 일하는 방식입니다."

"밥, 당신은 어때요?" 내가 물었다. "잭이 당신에게도 그처럼 아이디어를 주나요?"

"당연하지요. 잭은 믿지 않을지 모르지만, 나는 그 아이디어들을 매우 중요하게 여긴답니다. 잭이 그런 식으로 내게 주는 아이디어는 대충 일주일에 7개 정도인데, 매주 금요일 저녁이면 나는 컴퓨터 앞에 앉아 그것들을 28개 항목으로 이루어진 나의 과제리스트에 추가합니다. 즉 금요일 퇴근 전에 나는 잭이 일주일 동안 내게 던져준 아이디어들을 리스트의 상단에 추가하고 대신 리스트 하단의 7개 과제를 삭제합니다. 과제를 삭제하는 이유는 리스트의 과제숫자가 28개를 넘지 않도록 하기 위해서죠. 내 생각엔 인간이 28개 이상의 과제를 다루기란 불가능하거든요."

"다음 주에도 어김없이 이 같은 일이 반복됩니다. 나는 잭으로부터 7개의 과제를 받아 리스트 상단에 추가하고 하단의 7개 과제를 삭제함으로써 28개의 과제숫자를 유지하는 것입니다. 이런 식으로 4주가 지나면 리스트에 올라있는 과제는 100% 바뀌게 됩니다. 이런 상황에서 만일 내가 이 과제들 중의 하나를 말하자면 맨 상단에 있는 과제를 처리하려고 손을 댄다면 어떻게 되겠습니까? 아마 착수도 하기 전에 이 빌어먹을 것이 리스트의 하단으로 내려가기 시작하고 한 달이 지나면 리스트에서 삭제되어 휴지통으로 사라지겠지요. 잭과의 업무라는 것이 늘 이런 식이기 때문에 난 그와 협조하면서 일하고 싶은 생각이 없어요."

밥의 이 말에 놀란 나는 말없이 그를 응시하였다. 마침내 나는 이렇게 말했다. "연필을 손에 쥐고 눈을 감은 채 리스트에 올라 있는 과제들 중 하나를 짚는 겁니다. 아무거나 말이죠. 그리고 그 일을 처리해 나가는 겁니다. 설령 그 과제가 리스트에서 삭제되더라도 말이죠. 그리고 나서 일의 결과를 잭에게 보고하는 건 어때요?"

"그렇게라도 할 수 있다면 좋겠죠." 밥이 말했다. "그런데 그 전에 당신이 이 리스트를 잭에게 들고 가서 처음부터 끝까지 쭉 보여 주시고 그가 잊고 있는 과제들을 지워 보라고 말씀해 보시죠. 그런 후 이번에는 자신이 전혀 관리하지 않고 있는 과제들을 지워 보라고 말씀해 보십시오. 이렇게 하면 아마 리스트에 남아 있는 과제는 3개 정도에 불과할 겁니다. 28개 중에 3개면 10%에 불과합니다. 이것이 의미하는 바는 내가 잭의 아이디어를 실행에 옮길 경우 시간낭비를 할 확률이 90%란 뜻입니다. 이 같은 확률을 감수하면서 그의 일을 하기엔 제가 너무 바쁩니다."

나는 이렇게 말했다. "밥, 문제의 핵심을 명확하게 지적하신 것 같군요. 이것을 한시바삐 잭에게 말해 주고 싶군요."

실천하지 못하다

그 날 오후 늦게 내가 잭의 사무실에 들렀을 때 잭은 황급히 내게 물었다.

"밥과 점심을 함께 했나요."
"물론이죠."
"문제가 뭔지 말해 주던가요?"
"예, 유리알처럼 명확하게."
"말씀해 주시죠."

"잭, 문제에 대한 설명을 들으면 충격을 받으실 테니 그 전에 뭔가 조치를 취하는 게 좋을 것 같군요." 우리는 함께 회사를 나와 길 모퉁이에 있는 칵테일 바에 들어갔다. 잭이 마티니 두 잔째를 들이켰을 무렵 적당한 분위기를 보아 나는 입을 열었다.

내가 문제에 대한 설명을 마쳤을 때 잭이 내게 보여준 반응은 놀라운 것이었다. 그는 얼굴을 붉히고는 죄의식에 휩싸인 채 보비 번즈(Robert Burns, 1759~1796 스코틀랜드의 시인. Bobby는 Robert의 애칭; 편집자)를 인용하는 것이었다. "신께서 우리에게 자신을 남들처럼 객관적으로 볼 수 있는 능력을 주셨다면 얼마나 좋았을까요."

"사람들을 그같이 대한다는 것은 일종의 범죄행위나 마찬가지입니다." 그는 계속해서 말을 이어갔다. "끔찍하군요. 내가 그러한 행동을 하고 있었다는 것을 까맣게 몰랐다니…."

상황이 이런 방향으로 흐르게 되자 난처하게 된 것은 내 쪽이었다. 누군가의 곁에 앉아 참회를 듣는 일이 그리 마음 편한 것은 아니었기 때문이다. 상황을 반전시키기 위해 나는 그의 곁에 바짝 다가앉아 이렇게 말했다.

RULE 2

당신이 관리 가능한

최적의 원숭이/고릴라

수효를 결정하라

"잭, 진정해요. 상황이 그렇게 나쁜 것만은 아닙니다. 어쨌거나 당신은 최악의 아마추어는 아니라는 얘기죠. 최악의 아마추어는 강박적인 원숭이 채집자인데 당신은 그 정도는 아니니까요. 당신은 그보다는 나은 아마추어입니다. 당신은 과도하게 원숭이를 나눠주었을 뿐입니다. 사람들에게 매일 수천 마리씩을 분양하신 거죠!" 그 순간 나는 잭이 '원숭이'에 대해 알지 못한다는 사실을 깜빡 잊고 있었다.

"언컨 선생, 지금 내가 당신의 말을 이해하지 못하는 까닭이 금방 마신 마티니 두 잔 때문은 아니겠지요?"

"미안하군요." 나는 이렇게 말하고 내가 사용한 원숭이라는 개념을 간단히 설명해 준 후 다음 행동에 들어갔다.

"잭, 나는 현재 당신이 하고 있는 일을 계속하라고 권하고 싶군요. 원숭이를 분양하지 못하는 관리자만도 수천을 헤아리지만 적어도 당신은 그 일을 훌륭하게 해내고 있어요. 그러나 현재 하고 있는 일에 뭔가를 더 해야 합니다. 내가 볼 때 당신의 문제는 원숭이에게 제때에 식사를 제공하지 않으면 그들이 굶어 죽게 된다는 사실을 모르고 있었다는 점입니다. 당신의 주변에서 역겨운 냄새가 나는 까닭은 굶어 죽은 원숭이들의 시체가 이미 썩어들어 가고 있기 때문입니다."

"원숭이들을 나눠주는 일을 계속하되 사람들이 '그 일을 즉시 처리할게요'라고 말하면 그냥 자리를 뜰 것이 아니라 즉시 당신의 일정관리 수첩을 편 후 '언제 5분 정도만 시간을 내서 내 사무실에 들러 그 일의 진행상황을 말해 주게. 언제가 좋겠나'라고 얘기하십시오."

"그리고 그 시간이 정해지면 당신은 수첩에 이렇게 기록합니다. '목요일, 2:00에서 2:05까지, 존 스미스의 9번 원숭이를 먹일 것.' 이렇게 함으로써 당신은 공식적으로 재고를 갖게 된 것입니다. 모든 원숭이는 두 종류의 재고표찰을 가져야 합니다. 하나는 그 원숭이가 올라타고 있는 사람의 이름이고 또 하나는 몇 번째 원숭이인가를 나타내는 일련번호입니다. 이런 식으로 원숭이의 재고를 관리하면 한 마리도 잃어버리는 일은 없게 됩니다. 물론 굶어 죽는 일도 없어집니다. 각자 식사시간이 정해져 있으니까요."

"잭, 이것이 무슨 뜻인지 아시겠어요? 만일 당신이 5분마다 원숭이 한 마리를 먹일 수 있다면 1시간에 12마리, 하루에 96마리를 먹일 수 있다는 뜻입니다. 한 마리도 죽지 않을 것이며 썩는 냄새가 진동하는 일도 없죠."

"잘될 것 같지 않은데요." 잭이 말했다.

"왜요?"

"나는 매일 수백만 마리의 원숭이를 풀어 놓는데 그것들이 아우성치는 소리에 일일이 귀기울일 시간이 없단 말입니다."

이런, 이런…. 나는 의기소침해졌다. 계산을 마치고 우리 둘은 아무 말 없이 바에서 걸어나왔다. 공항으로 향하는 택시 안에서 나는 문득 서글픈 생각이 들었다. 가치를 알지도 못한 채 발로 짓뭉갤 뿐인 돼지들에게 진주를 던져 주어야 하는 우리 컨설턴트들이란 얼마나 가엾은 존재들인가? 우스운 것은 돼지들은 결코 이용하지 않을 진주를 구입하기 위해 잘도 돈을 내놓는다는 사실이다.

개혁

그러나 한 달 후 내가 다시 돌아왔을 때 상황은 변해 있었다. 밥이나 잭과 있었던 일들을 전혀 알지 못하는 다른 부사장과 점심을 할 때였다.

식사 중에 그가 내게 말했다. "언컨 선생, 지난 달 당신이 떠나고 난 직후 이상한 일이 발생했답니다. 잭이 별안간 임시회의를 소집하여 모든 부사장들을 한 자리에 모아놓고는 이렇게 말하더군요."

여러분, 제가 이렇게 갑작스레 회의를 소집한 이유는 이곳에서 근무한 지난 1년 동안 수석부사장으로서 제가 했던 일들이 시(市)동물원의 원숭이 관리담당자라면 전혀 생각할 수도 없을 만치 형편없는 것들이라는 생각이 들었기 때문입니다. 지금 우리는 수없이 많은 원숭이를 기르고 있지만 그들이 몇 마리인지, 어디에 살고 있는지 얼마나 많은 먹이가 소요되는지조차 모르고 있는 형편입니다. 우리의 동물원에는 수백만 마리의 원숭이가 득실거리고 있는데 제때에 먹이를 주지 않아 많은 수가 죽어 가거나 악취를 풍기고 있습니다. 동물원의 원숭이사(舍)에서도 냄새가 나는 것은 사실이지만, 그것이 시체 썩는 냄새는 아니죠. 그래서 우리도 동물원의 직원들이 하는 것과 같은 일을 해야만 합니다. 우선 우리가 보유한 모든 원숭이의 재고를 파악해야 합니다. 그런 연후에 계속 양육해야 할 원숭이를 결정하고 여기에 포함되지 않은 원숭이는 모두 제거해야 합니다.

그는 말을 계속 이어갔다. "잭의 연설이 그 시점에 이르자 우리는 서로의 얼굴을 돌아보았죠. 왜냐하면 우리 모두는 그가 끝장나기만을 기도해 왔거든요. 그런데 그 순간 우리는 하나님

께서 색다른 방식으로 우리의 기도에 응답하고 있음을 깨달았습니다. 한 생명이 끝장나는 것보다는 정신이상자가 되는 것도 나쁘지 않은 대안이라 여기며 우리는 조용히 자리에 앉아 그가 스스로 목 매달기를 기다리고 있었습니다. 그런데 잭은 그가 사용한 원숭이라는 말이 무엇을 의미하는지를 설명하더니 말을 계속 이어가는 것이었습니다."

그래서 우리가 우선적으로 해야 할 일은 원숭이의 재고를 파악하는 일입니다. 그리고 나서 원숭이의 수효를 우리가 관리할 수 있을 정도로 줄여야 합니다. 이를 위해 저는 여러분이 제가 지시했던 모든 과제를 기억나는 대로 모두 기록하여 제출해 주시길 바랍니다. 그리고 나서 한 사람씩 저와 만나 어떤 원숭이를 제거할 것인지를 의논합시다. 물론 이 과정에서 살아남은 원숭이에 대해서는 양육일정을 명확히 하게 될 것입니다.

생사 판결

그 부사장은 3페이지에 이르는 과제목록을 들고 잭의 사무실을 찾아갔으며 둘은 그것을 꼼꼼히 검토하였다고 말했다. 그것은 흥미로운 작업이었는데 잭은 모든 살아남는 원숭이에 대해서는 적어도 5분의 시간을 들이지 않으면 안 된다는 사실을 잘 알고 있었다. 그가 자리에 앉아 "일이 어떻게 진행되고 있습니까"라는 질문에 대한 답변을 들으려면 아무리 짧아도 5분은 걸리는 것이다. 잭이 일주일에 일하는 시간은 겨우 40 내지 50 시간에 불과하므로 그가 양육할 수 있는 원숭이 수효는 제한되어 있을 수밖에 없다.

검토를 진행하는 동안 둘은 각각의 과제에 대해 '사살(Shoot)'을 의미하는 'S' 자나 '먹이공급(Feed)'을 의미하는 'F' 자를 써넣었다.

"검토하는 동안 잭은 이렇게 말했죠. '이놈은 사살해 버립시다. 이놈은 먹이고… 저놈은 사살해 버려요. 이놈은 먹여야겠는데… F를 줍시다. 맙소사, 이놈이 아직 살아 있었나? 머리통을 날려 버립시다. 여기도 사살할 놈이 있군. 여긴 먹여야 할 놈. 저건 사살할 놈.'"

"때로 사살해야 할지를 결정하지 못해 고민하기도 했는데 이 과정에서 우리는 주주, 고객, 임직원이나 그들의 가족에게 아무런 이득도 되지 않는 원숭이가 꽤 있다는 것을 알 수 있었습니다. 이런 원숭이들은 단지 애완용에 불과했던 겁니다."

그는 계속 말했다. "이런 식으로 무려 4분의 3이나 되는 원숭이가 무참하게 죽임을 당했답니다. 그리고 F표시가 된 원숭이 각각에 대해서 잭은 이렇게 말했죠. '좋아요. 이 원숭이에 대해서 말인데, 언제라도 내 사무실에 찾아와 일의 진행상황에 대해 5분 이내로 브리핑 해주시오. 언제가 좋겠소?'"

그는 말을 이어갔다. "물론, 살아남은 원숭이 중에서도 그 전까지 내가 전혀 신경쓰지 않았던 놈들이 있었죠. 이런 놈들을 처리하는 것이 그다지 내키지는 않더군요. 자연히 이런 원숭이들에 대해선 처리 일정을 늦게 잡게 되죠. 그러면 나는 잭에게 이렇게 말합니다. '여기에 대한 보고는 30일 정도 후에 할까 하는데요.' 그러나 만일 잭이 그 원숭이에 대해 관심이 크면 그는 이렇게 말합니다. '아니요, 그건 곤란합니다. 대신 내일 아침 8시에 함께 얘길 해봅시다.'"

새로운 우선순위

"상사가 그렇게 말하니 기존에 내가 생각해 오던 업무의 우선순위가 바뀌게 되더군요. 그 전에 우리는 그의 사무실에 앉아 우선순위를 정하곤 했습니다. 이건 최우선, 저건 그 다음, 저건 그 다음…. 이런 방식은 다소 추상적이고 아카데믹한 구석

이 많았습니다. 왜냐하면 이렇게 하고 나서도 이틀만 지나면 모든 것이 헝클어져 버리곤 했는데 모든 것이 최우선순위로 둔갑하는 일이 생기기 때문입니다. 그러나 상사가 '그것에 대해 내일 아침 8시에 듣고 싶군요, 좋죠'라고 말한다면 모든 것이 명확해집니다. 그것은 내가 오늘 무엇을 해야 될지를 분명히 지정해 주는 이정표가 됩니다."

"잭이 언제 그것에 대해 듣고 싶어하는지가 명확해졌으므로 더 이상 우선순위가 혼란스러워질 염려는 없습니다. 그가 신경을 많이 쓰고 있는 문제들에 대해서는 당장이라도 듣고 싶어합니다. 반면 그다지 신경을 쓰지 않는 문제들에 대해서는 굳이 지금 듣고 싶어하지 않기 때문이죠. 이로써 많은 것들이 분명해졌습니다!"

순간 나는 원숭이 수효를 대대적으로 줄인 일에 대해 호기심이 발동했다. 그래서 나는 그에게 이렇게 물었다. "원숭이에 대한 대량학살이 자행된 셈이군요. 혹시 원숭이를 잘못 제거한 경우도 있지 않을까요?"

그가 말했다. "오, 물론 그럴 수도 있겠지요. 그러나 전혀 문제될 것은 없습니다."

"문제될 게 없다고요?"

"그렇죠. 만일 오전 10시에 원숭이 한 마리를 잘못 제거했다면 그 날 퇴근할 무렵까지는 그 자리를 대신하려는 원숭이를 네 마리는 갖게 될 겁니다. 그러니까 원숭이 수효를 조절하는 과정에서 원숭이를 너무 많이 제거하거나 너무 적게 제거하는 실수를 범할 수가 있는데, 이럴 경우 가급적 너무 많이 제거하는 쪽으로 실수를 하는 편이 낫다는 겁니다."

"어째서죠?" 나는 물었다.

"살아 있는 원숭이를 제대로 키우기 위해서죠." 이 대답을 하며 그는 의미심장한 미소를 지어 보였다.

여기서 처음에 언급했던 '원숭이를 돌보는 6가지 룰' 중 초기 단계의 2가지 룰을 상기해 보자.

RULE 1: 먹이든지 사살하든지 하라. 그러나 굶겨 죽이지는 말아라.
RULE 2: 당신의 부하는 당신이 관찰할 수 있는 수효만큼의 원숭이나 고릴라만을 관리하려 할 것이다.

우리는 이러한 룰들을 직관적으로 이해할 수 있다. 이와 관련된 오래 된 속담을 상기해 보자. "당신의 부하들은 당신이 점검하는 것들은 소중히 여기지만 당신이 기대하는 것에 대해선 그렇지 않다." 직원들은 그들의 상사가 기대하는 모든 사항들을 소중히 여길 만큼 시간이 많지 않다. 그래서 그들은 각각의 과업에 우선순위를 두게 된다. 어떻게? 당신이 하는 것과 똑같은 방법으로.

생각해 보자. 월요일 오전, 당신의 책상 위에는 두 종류의 과제파일이 놓여 있다. 하나는 구체적인 완료일자가 지정된 것들이고 하나는 그러한 날짜가 명기되지 않은 과제들이다. 당신은 어느 것에 우선적으로 주목하게 될 것인가? 말할 것도 없이 날짜가 지정된 과제들이다. 당신의 부하들도 과제를 연기할 수밖에 없는 상황에 처한다면 '시간이 되는 대로' 또는 '가급적 빠른 시일 안에'라는 애매한 단서가 붙어 있는 과제들을 우선적으로 뒤로 미룰 것이다.

그러므로 이렇게 해보자. 다음 번에 당신이 부하에게 원숭이를 분양할 때는 일의 진행에 대해 언제 만나 함께 토론할 것인지를 명확히 해 두는 것이다. 그 시기가 반드시 과제나 프로젝트가 끝나는 시점일 필요는 없다. 만남의 횟수는 당신이 그 원숭이에게 얼마나 신경을 쓰느냐에 따라 정해지게 될 것이다. 사람이란 그들이 신경을 쓰는 과제에 시간을 들이게 마련이므로 당신이 가장 신경을 쓰고 있으며 시간을 들이는 그 일에 당신의 부하들도 가장 신경을 쓰게 될 것이 당연하다.

당신의 관심과 우선순위는 원숭이에게 먹이를 주는 시간으로 표현된다. 당신의 관심이 (어떤 이유에서건) 점차 높아진다면 먹이를 주는 빈도수가 많아질 것이며 먹이를 주는 시점 간의 간격은 점차 짧아지게 될 것이다. 당신의 메시지는 명확하게 드러난다.

한편 당신이 어떤 원숭이를 먹이는 데 일주일에 5분, 또는 한 달에 5분도 들이지 않는다면 당신의 부하들은 상황이 급박하게 돌아갈 경우 주저함 없이 이 과제를 뒤로 연기시키게 될 것이다. 당신이 원숭이를 먹이는 데 시간을 들이지 않는다면 당신의 부하들도 그 일을 처리하기 위해 시간을 투입하지 않을 것이다!

세 번째 룰

RULE 3: 원숭이를 먹이는 것은 부하들의 일로서 반드시 지정된 시간과 장소에서 이루어져야 한다. 상사가 굶는 원숭이를 찾아다니거나 직접 먹이를 주어서는 안 된다.

RULE 3

원숭이와 고릴라를
먹이는 책임은 부하의 몫이
되어야 한다

관리자의 주요 업무는 챙기고 또 챙기는 것이라고 귀가 따갑도록 들어 왔다. 챙긴다는 말을 들을 때 당신의 마음 속에는 어떤 생각이 드는가? 쫓는 자와 쫓기는 자이다. 맞는가? 상사는 쫓는 자이며 실무담당자는 쫓기는 자이다. 그러나 챙기는 일은 이처럼 바가지 긁는 일이 되어서는 안 된다. 이래서는 결코 좋은 결과를 기대하기 어렵다.

아마추어 관리자의 이야기

배회하며 관리하기

관리자인 나는 어느 날 오전 8시에 출근하여 오전 10시까지 몇 건의 중요한 일들과 그 밖의 잡다한 일상업무를 끝마친다. 그리고는 여느 때처럼 익살맞은 생각에 사로잡힌다. 지금쯤이면 부하들이 일손을 놓고 잡담하고 있을 것이다. 나는 자리에서 일어나 그들이 무엇을 하는지를 보기 위해 이리저리 걷기 시작한다. 걸으면서 나는 벤자민 프랭클린의 조부가 했던 다음과 같은 말을 되뇌인다. "당신이 찾아 헤맨 끝에 얻은 것이 괴로움이라면, 그것도 그런 대로 괜찮은 셈이다."

이 말을 입증이라도 하듯 나는 복도에서 에드를 만난다. 그는 발송과 수취를 담당하고 있는 1라인의 반장이다. 그는 일반직공의 신분에서 6개월 전에 승진했는데 자기 일을 열심히 수행하려고 노력하는 인물이다.

원래대로라면 그는 반장에게 보고하고 반장은 감독에게, 감독은 내게 보고를 하도록 되어 있다. 에드와 나 사이에는 몇 계층이 끼여 있는 셈이다. 그와 대화를 나누다 시선을 돌려 발송/수취과(課)의 사무실을 넘겨다보니 발송용 나무상자가 하나 놓여 있는 것이 눈에 들어왔다. 지금 시간은 목요일 오전 10시 30분. 그 나무상자는 지난 월요일에도 그 자리에 놓여있었다.

아마추어는 원숭이를 먹인다

즉시 나는 에드에게 따지기 시작한다. 어쨌거나 그는 발송/수취과의 책임자가 아닌가? 나는 그를 똑바로 쳐다보며 이렇게 말한다.

"이런 맙소사, 에드, 건전하고 따스하며 창의력을 자극하는 아름다운 인간관계란 책임감이 전제되어야 한다는 사실을 잘 알고 있겠지? 그렇다면 선적업무를 좀 제대로 해야 하는 것 아닌가?"

"지난 월요일 내가 이곳에 왔을 때도 저 나무상자가 놓여 있는 것을 보았었네. 그때 나는 그것이 우리의 가장 소중한 고객에게 인도되는 것임을 알고는 이렇게 생각했다네. '대단하군, 제품이 라인에서 완성된 지 몇 시간 이내에 이처럼 배달준비가 다 되는군!' 뿌듯한 생각이 들더군. 그런데 그 날 늦은 오후까지도 여전히 그것은 그 자리에 놓여 있더군. 왜 아직 선적이 안 됐는지 의아한 생각이 들었다네. 더욱이 화요일, 수요일에 그것을 보았을 땐 별안간 속에서 가스가 차오르고 가슴이 타는 듯했으며 위궤양에다 신경이 뒤틀리는 것 같았네. 그런데 오늘 목요일에도 여전히 그것은 같은 장소에 놓여 있군!"

"에드, 아마 자넨 고객이 우리의 물건을 제때에 받기 때문에 자네가 월급을 받고 있다는 사실을 잊고 있는 모양일세. 물건을 보내야 송장(送狀)을 보낼 것이고 그래야 고객이 우리에게 값을 지불할 게 아닌가? 당장 저 나무상자를 부치게!"

관리자로서 나는 거의 아사 직전에 놓인 원숭이를 발견한 것이며 그 순간 그 원숭이에게 먹이를 주고 전신의 근육을 풀어주어 활기를 되찾게 한 후 에드에게 인도한 것이다. 그리고 난 후 나는 또 다른 굶주린 원숭이를 찾아 떠난다.

여기 우리가 간다!

다음으로 나는 경리과의 아트와 마주친다. 나는 말한다. "아트, 자넨 우리 회사의 고참이지. 자네와 나는 이 회사가 설립될 때부터 거의 맨손으로 사장님을 보필해 왔지. 자네도 내가 일부러 문제를 일으키러 돌아다니지 않는다는 것을 잘 알겠지. 그렇지만 아트, 이 송장을 한번 봐. 60일이나 지나지 않았는가. 경리과의 방침에 따르면 모든 송장은 30일 이내에 처리되도록 되어 있는 것으로 알고 있는데 어찌된 일인가? 지난 연말 사장님께서는 우리 모두 성실하고 헌신적으로 맡은 업무를 처리하자고 당부하셨는데 도무지 그런 기미를 찾을 길이 없네."

무슨 일이 일어났는가? 나는 아사 직전에 놓인 또 한 마리의 원숭이를 발견한 것이다. 나는 그 가엾은 것을 품에 안고 먹이를 주고 근육을 풀어 주어 활기를 되찾게 한 후 그것을 다시 그에게 넘겨준다. 그리고 다시 또 다른 원숭이를 찾아 뛰어다닌다.

관리자들은 거의 매일 되풀이되는 이러한 일을 뭐라 부르는가? 그들은 이같은 활동을 감독한다, 체크한다 또는 챙긴다고 표현한다. 그러나 이것은 결코 그러한 종류의 활동이 아니다. 이것은 정신병동의 간수들이 하는 활동과 성격이 같은 것으로 대개 환자들의 상태를 입원할 때보다 더욱 악화시키는 결과를 초래한다.

굶주린 원숭이를 찾아다니다

그러나 최악의 사태는 아직 일어나지 않았다. 그 날 밤, 공장장인 나는 가장 늦은 시간에 퇴근한다(나는 늘 시간에 쫓기는 반면 사람들은 늘 일에서 도망치려고만 하는 것 같다). 집에서 나는 저녁으로 큰 스테이크 한 쪽을 먹고, 맥주 서너 캔을 들이키며 TV에서 쇼를 보다 쓰러지듯 침대로 기어들어 간다. 그러나 나는 쉽사리 잠을 이루지 못한다. 그 날 낮에 미처 다 발견하지 못한 원숭이들이 밤새 나를 괴롭히는 것이다.

정원이 파악되어 있지 않으니 내가 찾지 못한 원숭이가 10%인지 30%인지조차 알지 못한다. 걱정 속에 뒤척이던 나는 아침 일찍 공장으로 출근하자마자 원숭이 찾기를 시작하는데 어제 놓친 원숭이뿐 아니라 오늘 먹이를 주어야 할 원숭이도 찾아다녀야 하므로 오늘은 여기에 갑절의 시간을 투입한다.

수요일이 되면 나는 원숭이 찾기에 세 갑절의 시간을 투입하게 되는데 월요일에 놓친 놈들, 화요일에 놓친 놈들, 그리고 수요일에 먹여야 할 놈들이 있기 때문이다. 이런 식으로 원숭이 찾기의 작업강도는 점점 높아져 매달 24일에 이르면 마침내 나는 병가(病暇)를 내고야 만다.

나는 신경이 극도로 쇠약해져 쓰러지기 일보 직전의 상태에서 일주일 가량을 집에서 쉬어야만 한다. 매달 이러한 일이 반복되므로 직원들은 이 기간에 대비해 나름대로 계획을 세워 두고 있다. 벽에 걸린 달력의 24일 위에는 동그라미가 처져 있다. 이 날은 잔소리 많은 늙은이가 기운을 잃는 날이다. 그들은 내가 회사에 출근하는 기간에 잃었던 시간들을 이 기간을 활용해 보충한다!

RULE 3: 원숭이를 먹이는 것은 부하들의 일로서 반드시 지정된 시간과 장소에서 이루어져야 한다. 상사가 굶는 원숭이를 찾아다니거나 직접 먹이를 주어서는 안 된다.

이 룰의 앞부분이 말하고자 하는 것은 신발가죽이 닳도록 원숭이를 찾아다니며 먹이를 주는 일은 부하들의 몫이라는 점이다. 즉 부하들이 원숭이에게 먹이를 주기 위해 상사의 사무실에 찾아와야 하며 상사가 굶주린 원숭이를 찾아다녀서는 안 된다는 것이다. 상사가 원숭이를 찾아다니면 부하들은 여기에 신경을 쓰게 되어 과업에 최선을 다할 수가 없게 된다.

당신이 관리자라면 물론 공장 전체를 돌아보아야 한다. 왜냐고? 당신은 그곳에 있든지 없든지 항상 그 안에서 진행되는 모든 일에 대해 책임을 지고 있기 때문이다. 관리자는 설령 새벽 3시에 침대에 있는 동안 일어난 일에 대해서도 마치 현장에 있었던 것처럼 책임을 지지 않으면 안 되는 것이다. 그러한 책임을 위해 당신은 무소부재(無所不在)를 몸소 행하지 않으면 안 된다.

무소부재란 어느 곳에나 존재한다는 뜻이다. 무소부재를 실행한다는 말은 '어느 곳에나 있음'을 가능케 하는 일이다. 당신은 부지런히 돌아다녀야 하는데, 물론 이렇게 한다고 해서 동시에 여러 곳에 가 있을 수는 없는 노릇이다. 그래서 나는 모든 것을 당신의 눈앞으로 당겨 오는 방법을 제시하겠다. 이제 나는 조금 전에 전개되었던 상황을 재연해 보일 것이다. 그러나 이번에는 아마추어가 아니라 프로로서 해 보일 것이다.

프로 관리자의 이야기

프로는 고릴라를 먹인다

출근하자마자 나는 하루 일정을 확인한다. 오늘 먹이를 주어야 할 원숭이는 도합 6마리이다. 그 중 4마리는 스탭회의 때 먹일 것이다. 3~4마리의 원숭이가 상호 생김새가 비슷하거나 말이 통할 경우는 스탭회의 때 동시에 먹이는 것이 훨씬 수월한 법이다. 모든 사람이 이놈들에게 관심을 가질 수 있기 때문이다.

그러나 생김새가 전혀 다르고 공통점이 없는 원숭이를 스탭 회의에서 먹이는 것은 시간을 낭비하는 일이 된다. 그래서 2마리의 원숭이는 개별적으로 먹일 수밖에 없는데 일정표에는 이렇게 적혀 있다. 케이트의 2번 원숭이 3시, 샘의 7번 원숭이 3시 30분.

일정을 머리 속에 담은 채 나는 10시까지 눈앞의 모든 일들을 처리한다. 일이 대충 마무리되면 나는 사무실들을 순회하기 시작한다. 그러나 어디까지나 나는 프로이므로 나의 목표는 완전히 다르다. 나는 원숭이를 먹이기 위해 사무실을 순회하는 것이 아니다. 이미 모든 원숭이들은 정해진 일정에 따라 먹여지고 있다. 나는 이 사실을 잘 알고 있으므로 홀가분한 마음으로 행보한다.

아까와 마찬가지로 나는 발송/수취과의 반장인 에드와 마주친다. 나는 그의 상사로 그와 나 사이에는 두 계층이 끼여 있다. 아까처럼 나는 그의 어깨 너머로 발송용 나무상자를 발견한다. 당연히 화가 치밀어 오르지만 에드에게는 그 사실을 드러내지 않는다. 나는 에드와 가볍게 아침인사를 나눈 후 호주머니에서 원숭이 관리 일정표를 끄집어 내어 발송/수취과에 대한 업무 점검 일정을 찾아낸다.

이 고릴라는 발송/수취과에 대한 관리를 업무의 일부로 삼고 있는 감독의 등에 지워져 있다. 내 밑에는 원숭이나 고릴라를 떠맡아 가는 5명의 감독이 있으며 나는 이들을 상대할 뿐이다. 즉 에드와 같은 반장급의 인물들에게 직접 원숭이나 고릴라를 떠맡기는 일은 내 일이 아닌 것이다. [주의: 조직 내에서 높은 직위에 있는 인물이 한참 아랫사람에게 직접 일을 맡길 때는 반드시 그 아랫사람의 차상급자에게 그 사실을 알려주는 것이 원칙이다(생사가 달린 시급한 상황을 제외하고는). 만일 이 원칙이 지켜지지 않으면 계층간 위계질서가 어지럽혀져 조직 내 과업의 우선순위가 모호해질 뿐 아니라 일을 맡은 아랫사람은 과로에 시달리게 될 수 있다.]

에드에게는 더 이상 말을 않은 채 나는 이 과의 담당 감독인 로저에게 전화를 건다. 로저는 책상에 앉아 다른 업무에 몰두하다가 나의 전화를 받는다. 나는 이렇게 말한다. "안녕, 로저, '발송실 업무점검'이라고 이름 붙여진 9번 고릴라 말인데, 다음 번 먹이를 줄 예정일이 언제인지 알고 있나?" 물론 나는 알고 있지만 그를 시험해 보는 것이다.

그는 자신의 검은색 수첩을 들여다본 후 이렇게 말한다. "제 일정표에는 2주 후라고 되어 있습니다."

"로저, 새로운 소식을 전하겠네. 우리는 그 고릴라를 내일 오전 8시 30분에 먹일 걸세."

"지금 어디서 전화하시는 건가요?"

총알보다도 빠르게

불과 몇 초만에, 기적처럼 로저는 발송실에 모습을 드러낸다. 그 사이 나는 조용히 그곳을 빠져나와 내 사무실로 돌아온다. 이제부터 일어날 일을 예상하며 나는 행복감에 젖어든다. 로저는 발송실의 문을 박차고 뛰어들며 에드에게 소리칠 것이다.

"언컨 씨가 다녀가셨나?"

"예."

"이런, 그가 뭘 보았나?"

"잘 모르겠는데요."

"흠…." 로저는 신음처럼 내뱉는다. "문제가 커지겠는걸."

로저는 즉시 에드의 상사를 소환한다. 셋은 머리를 맞대고 대책을 숙의한다. 로저는 말한다. "문제가 생겼어. 내일 오전 8시 30분에 언컨 씨가 이곳의 업무에 관해 뭔가를 묻겠다는 거야. 원숭이라면 5분간 답변하면 그만이겠지만, 이건 고릴라이므로 30분은 답변을 해야만 돼. 언컨 씨는 지나간 일보다는 현재 진행 중인 일에 관심이 크니 지금 일어나고 있는 일에 대해 묻겠지. 더 정확히 말해서 내일 오전 8시 30분 현재 일어나는 일에 대해 정확히 답변을 해야만 돼. 그러므로 우리는 이곳을 내일 아침 내가 그에게 보고할 수 있도록 제대로 해놓지 않으면 안 된다네. 그가 뭘 보았지?"

과거 불가능했던 것들이 기적처럼 해결되다

그들은 주변을 돌아본다. 제일 먼저 눈에 띄는 것이 그 발송용 상자이다. 기적과도 같이 그 상자는 3분 이내로 트럭에 적재되고 배송구로 빠져 나간다.

월요일엔 트럭의 변속장치가 고장 나 그들은 상자를 처리할 수 없었다. 화요일은 트럭이 산산이 부서져 수리를 받아야 했으며 수요일엔 화물이 폭주하여 트럭을 구할 수조차 없었다.

때로 현장에 근무하는 사람들은 한번 하겠다고 마음먹으면 이전에 불가능해 보였던 일조차도 신비롭게 해치우는 괴력을 발휘하기도 한다. 어떻게 이런 일이 가능한지는 아무도 모른다. 그것은 그들만의 비밀이다.

그리고 난 후 그들은 발송실의 나머지 부분을 샅샅이 살펴

보며 모든 부분을 꼼꼼히 점검한다. 왜냐하면 그들은 내가 무엇을 보았는지를 알지 못하기 때문이다. 그들은 내일 오전 8시 30분에 내게 보고할 수 있을 정도로 발송실의 상태를 재정비해 놓기 위해 만전의 노력을 기울인다. 아마 그들은 이 일을 위해 밤을 새울지도 모른다. 이 모든 일은 나의 일상적인 순회활동에서 비롯된 것이다.

다음 날 오전 8시 30분 정각에 로저는 피로에 젖은 눈으로 내 사무실에 들어선다. 나? 나는 푹 쉬었다. 나는 무슨 일이 일어나고 있는지를 정확히 알고 있었으므로 9시간을 잤던 것이다.

"어떻게 돼 가고 있나?" 나는 묻는다. 그가 대답하는 동안 나는 백지에 그가 말하는 것을 적어 내려간다. 나는 글을 빨리 쓰는 타입이 아니므로 그에게 좀 천천히 해 달라거나 다시 한번 말해 줄 것을 요구한다. 그는 내가 그의 말을 받아 적는 까닭을 잘 알고 있다. 이 일이 끝나면 나는 발송/수취과를 다시 방문하여 그가 보고한 것들이 사실인지를 직접 둘러볼 것이다.

가 봅시다

그가 브리핑을 마치면 나는 이렇게 말한다. "좋아요. 내려가서 한번 봅시다." 발송실에 도착하여 주변을 둘러보는 순간 나는 깜짝 놀란다. 상황이 완전히 달라져 있는 것이다. 바닥은 청소되어 있고 문제의 발송용 상자는 이미 발송되었으며 화물 운반대는 깔끔하게 정돈되어 있는 등 모든 문제점이 다 해결되어 있었다!

당신은 좀 전에 아마추어로서 내가 얻었던 결과와 지금 내가 얻은 결과 간의 차이가 무엇인지 알겠는가? 아마추어로서 내가 에드에게 "상자를 발송하게"라고 말했을 때 무슨 일이 일어났겠는가? 그 상자는 발송되었을 것이다.

그러나 프로로서 나는 무슨 일을 했는가? 나는 그 문제를 감독과 상의했던 것이다. 무슨 일이 일어났는가? 상자의 발송은 그 밖에 일어난 일들에 비하면 오히려 사소한 일에 불과했다. 그들은 내가 무엇을 보았는지 알지 못했으므로 세 명이 찾아낼 수 있는 모든 문제점을 밤새 처리했던 것이다.

내가 전혀 생각할 수도 없었던 방식으로 그들은 문제를 확대해석하였으며 자발적으로 과제를 찾아냈고 수행했다. 더욱이 그들은 이러한 과정을 통해 자신들의 과제를 수행함에 있어서 자신감과 엄밀성을 새롭게 배울 수 있었다. 물론 그들은 나를 통해 관리자의 챙기기에 대해서도 뭔가를 배울 수 있었을 것이다.

약속불이행 다루기

룰 3을 다시 한번 읊어보라.

원숭이를 먹이는 것은 부하들의 일로서 반드시 지정된 시간과 장소에서 이루어져야 한다. 상사가 굶는 원숭이를 찾아다니거나 직접 먹이를 주어서는 안 된다.

이것은 매우 단순하게 들린다. 그러나 만일 상대방이 원숭이에게 먹이를 줄 시간을 어길 경우는 어떻게 해야 하는가?

당신의 부하인 케이트는 오후 2시에 당신의 사무실에 와서 원숭이를 먹이기로 되어 있었는데 나타나지 않는다. 그러면 어떻게 하여야 하나? 자, 내가 이런 상황에서 상사가 해야 할 역할을 한번 연기해 볼 테니 어떤 일이 일어나는지 잘 지켜보기 바란다.

케이트는 2시에 오기로 되어 있다. 시간이 됐는데도 나타나지 않는다. 약속을 잊은 것이다. 이런 일은 누구에게도 일어날 수 있다. 그러나 엄밀히 따지면 이것은 상사에 대한 명백한 불복종이다. 단지 케이트는 잊었기 때문에 이 사실을 모르고 있을 뿐이다.

2시 15분이 되었다. 케이트는 여전히 나타나지 않았으며 나는 슬슬 화가 치밀기 시작한다. 다음 행동은 케이트의 차례였다. 즉 내 사무실에 찾아와 원숭이를 먹이는 일 말이다. 그런데 그가 약속을 잊은 바람에 내가 다음 행동을 하지 않으면 안 되게 되었다.

어떤 형태로든 나는 다음 행동을 취해야 한다. 문제를 무시하든지, 잊어버리든지, 그가 기억할 때까지 기다리든지, 그에게 전화를 하든지, 나의 비서에게 그에게 전화를 걸라고 지시하든지 하는 것 등등이 그것이다. 나는 무엇을 해야 할까?

만일 내가 아마추어라면 나는 케이트에게 약속에 대해 환기시킬 것이다. 그러나 이곳에 오는 것을 기억하는 일은 케이트의 책임이다. 내가 그것을 환기시켜 준다는 것은 내가 케이트의 책임을 떠맡는 셈이 된다. 당신은 사람들로부터 책임을 제거해 줌으로써 책임을 떠맡도록 가르치지는 않는다. 어쨌거나 나는 케이트가 내게 강요한 다음 행동을 취함으로써 케이트 본인이 책임을 떠맡도록 만들지 않으면 안 된다.

나는 비서를 통해 모든 관리자들이 내 사무실에 모이도록 지시한다. 그들은 일상적 업무일정 이상으로 헌신적인 노력을 요하는 긴급한 일이 무엇인지를 궁금하게 여기며 숨이 턱에 닿도록 급히 회의탁자 주변에 모여든다.

모든 것이 준비되었을 때 나는 말한다. “이렇게 여러분을 소집한 것은 우리가 당면한 위기 때문입니다. 15분 전에 나는 누군가와 원숭이에게 먹이를 주어야 했건만 불행히도 바람을 맞고 말았습니다. 나는 나 자신이나 다른 사람들이 저지를 수 있는 인간적인 실수를 용납하지 못하는 사람은 아닙니다. 그래서 나는 이 자리에서 그 사람의 이름을 거명하거나 손가락질하지는 않겠습니다. 그러나 이 사안은 너무나 심각하기에 한 사람이 실수를 하였음에도 불구하고 여러분 모두를 불러모은 것입니다. 나는 추후 이러한 일이 다시는 일어나지 않도록 하기 위해 이렇게 한 것입니다. 이것은 너무나 중대한 사안이기 때문입니다.”

“나는 여러분들의 고용조건을 설명하고자 합니다. 전에도 이미 설명한 바 있으나 다시 한 번 반복하겠습니다. 원숭이를 먹이는 시간에 나타나는 것이 여러분의 고용조건입니다. 무슨 말인지 분명히 이해하시겠습니까?”

그들이 내가 한 말을 수긍하는 기미를 보이자 나는 이렇게 말한다. “이상입니다.”

그들은 나간다. 다른 사람들이 누가 실수를 저질렀는지를 서로 탐색할 때 당사자인 케이트는 몹시 주저하는 모습을 보이는데 자신의 실수가 알려지기를 원치 않기 때문이다. 나와의 약속이 지켜지지 못했음을 깨닫게 된 케이트는 무리 속에서 기회를 틈타 빠져 나온다. 케이트는 급히 복도를 가로질러 내 사무실로 들어와 사과하는 표정으로 이렇게 말한다. "약속을 어겨서 정말 죄송스럽게 됐습니다. 다시는 이런 일이 없도록 하겠습니다."

"케이트," 나는 대답한다. "기운을 내요. 그렇다고 일이 완전히 틀어진 것은 아니잖아요. 이런 일은 누구에게라도 한 번쯤 일어날 수 있는 일이니까요."

나는 왜 이렇게 지독하게 구는 것일까? 그것은 우리가 생명 즉 원숭이와 고릴라의 생명을 좌지우지하기 때문이다. 회사 내에서 이것보다 더 중요한 것이라곤 단 하나 인간의 생명이 걸린 문제뿐이다. 그 외에는 원숭이를 돌보고 먹이는 일이 가장 중요하다.

이 점에서 우리는 스스로를 단련시키지 않으면 안 된다. 왜? 연말이 되면 재무부서의 사람들이 결산을 하게 되는데 이때 결산표의 맨 하단에는 연중 이루어졌던 수백만 마리의 원숭이와 고릴라들의 모든 활동이 최종적인 수치로 제시되기 때문이다.

설령 연중에 원숭이나 고릴라가 가끔씩 굶어 죽는 일이 벌어져도 회계담당자가 알 수는 없을 것이다. 그러나 소중한 원숭이와 고릴라가 빈번히 굶어 죽는 일이 벌어진다면(이것을 우리는 '과제를 미룬다'고 표현한다) 하단의 수치는 결코 기대치에 미치지 못하게 될 것이다. 경쟁사에서 이 같은 일이 벌어진다면 바람직한 것으로 볼 수 있겠지만, 당신의 회사에서 이 같은 일이 벌어지도록 두어서는 절대 안 된다!

네 번째 룰

RULE 4: 원숭이를 먹이는 시간이 연기될 수는 있다. 그러나 무기한 연기되는 일은 없어야 한다. 또한 과제에 진척이 없다는 이유로 일정이 연기되는 일은 용납될 수 없다.

물론 때로 불가피하게 원숭이에게 먹이를 주는 일이 늦춰져야 할 때가 있다. 때론 원숭이에게 먹이를 주는 것이 회사 이익에 기여하기보다 비용을 증대시키게 될 수도 있는 것이다.

예를 들어 나는 오늘 오후 2시에 케이트의 원숭이를 먹이도록 되어 있다. 그런데 오전 9시쯤에 케이트가 내게 전화를 해 이렇게 말했다.

"저는 오늘 2시에 당신의 사무실에서 원숭이를 먹이도록 되어 있거든요. 그런데 금방 우리의 고객 한 분이 우리 제품에서 이상이 발견되었다고 전화를 해 왔습니다. 그래서 엔지니어와 판매사원 몇 사람과 함께 그 문제를 해결해 줄 수 있을지 가봐야 할 것 같습니다. 만일 간다면 하루가 꼬박 걸릴 것 같은데 내가 두 장소에 동시에 있을 수 없는 바에야 우리의 원숭이 먹이는 시간을 재조정해야 할 것 같습니다."

받아들여야 하나? 물론이다. 이럴 경우 내가 본래의 일정을 고집할 이유는 없다. 원숭이 배식 일정이 전사적 목표와 상충된다거나 케이트가 폭풍, 우박, 홍수 등 천재지변을 만난 경우라면 일정은 재조정되어야 한다. 그러나 일방적으로 하는 것은 곤란하다(이것은 의사소통 측면에서도 형편없는 것일 뿐 아니라 옳지 못한 매너이다). 상호 협의를 거쳐 일정을 재조정하는 것이 바람직하다.

RULE 4

중요한 원숭이와

고릴라에 있어서는

확실한 진척이

이루어지도록 관리하라

진척 없음 보고서

타당한 이유가 있어서 일정을 재조정하는 것은 별개라 치더라도, 만일 케이트가 오후 2시의 원숭이 배식과 관련하여 오전 9시에 내게 전화를 걸어 다음과 같이 말한다면 어떻게 해야 할까?

"저는 오늘 오후에 별 다른 약속이 없으니 2시에 당신을 방문하는 건 문제가 없습니다. 그런데 사실 그동안 제가 좀 바빴거든요. 원숭이를 돌볼 틈이 없었다구요. 그래서 2시에 만나도 드릴 말씀이 없어요. 정말이지 단 5분이라도 아무런 내용도 없는 보고를 하느라 당신의 귀중한 시간을 뺏고 싶은 생각이 없거든요. 그래서 말인데요, 아무래도 제가 뭔가 제대로 된 진척사항을 보고드릴 수 있으려면 원숭이에게 먹이를 주는 시간을 며칠 연기하는 편이 좋을 것 같습니다."

여기에 대해 당신이라면 어떻게 대응할 것인가? 나라면 이렇게 말하겠다.

"물론 당신이 일손이 딸리고 과중한 업무에 시달리는 점은 나도 알고 있소. 아무런 진척도 없었다는 것도 이해할 수 있을 것 같소. 그러므로 당신이 일을 진척시키지 못한 부분은 그대로 덮어두고 넘어갑시다. 나는 성경에 나오는 황금률을 실천하지만 이번 경우는 약간 초점이 맞지 않는 것 같군요. 원숭이가 생존하려면 뭔가 먹어야 되지 않겠소? 그러니 2시까지 일단 이곳으로 오시오!"

케이트는 당황하여 이렇게 말한다. "잠깐만요, 아무런 진척 사항이 없는데 뭘 말하라는 겁니까? 아무것도 없는데 뭘 말해야 하죠?"

"쉬운 일이오. 세 가지만 분명히 하면 되오. 첫째, 만일 당신이 일을 진척시켰다면 현재 그 일이 어떤 상태에 있게 될 것인가를 설명하시오. 둘째, 지금까지 당신이 일에 전혀 손을 대지 않은 결과로 현재 그 일이 어떤 상태에 있는지를 설명하시오. 그리고 첫째에서 둘째를 빼서 그 차이가 무엇인지를 설명하면 되오. 알아들었소? 그게 진척 없음에 대한 보고요. 사실은 이것도 매우 중요한 일이오. 왜냐하면 회사입장에서는 진척이 없었다는 사실도 진척이 있었다는 사실만큼이나 중요한 것이기 때문이요!"

케이트는 무엇에 한 대 얻어맞기라도 한 듯 망연자실한 상태가 된다. 한 번도 진척 없음에 관한 보고서라는 것을 작성해 본 일이 없었던 것이다. 시간이 지나면서 케이트는 이 일에 대해 역겨움을 느끼기 시작한다.

케이트는 두 가지 행동대안 중 하나를 선택할 수 있는데, 어떤 것도 그리 유쾌하진 못하다. 그가 선택할 수 있는 행동대안은 진척 없는 상태를 그대로 유지하는 것과 뭐라도 하는 것이다. 이 중 어느 것이 덜 불쾌할 것인가?

뭐라도 하는 것이다. 이제 와서 뭐라도 하는 것이 그리 즐거운 일이 될 수는 없을 것이다. 그러나 아무것도 하지 않은 채 진척 없음의 보고서를 작성하는 일은 더욱 불쾌한 일일 것임이 분명하다.

오후 2시 정각에 케이트는 만족감에 젖은 웃음을 만면에 머금은 채 나의 사무실을 찾아온다. "안녕하세요, 놀라지 마세요! 뭔가를 했답니다."

이것을 우리는 인력에 대한 건전한 자극이라고 부른다.

사장님의 고릴라

회사를 대표하는 사장은 먹이를 주는 시간을 조정하는 일은 꿈에도 생각지 못하고 살아간다. 매년 그는 대표격 고릴라를 금사슬에 묶어 무대로 데리고 올라간다. 그것은 정기주주총회라 불리는 무대이다.

이 회의가 진행되는 날 종일토록 주주들은 사장에게 다양한 방식으로 "어떻게 돼 가고 있소"라고 묻는다. 그러면 사장은 지난 1년간 진척된 일에 대해 설명한다.

그런데 만일 이 모임이 개최되기 한 달 전에 사장이 회사일에 아무런 진척이 없음을 깨닫고 주주들에게 편지를 통해 진척이 없는 관계로 주주총회 일자를 6개월 늦추자고 제의한다면 무슨 일이 생길까?

아마 전화, 편지, 전보가 홍수처럼 쏟아질 것이며 그들은 모두 이렇게 주장할 것이다. "사장 귀하, 준비가 됐건 안 됐건 우리는 갈 것이오. 분명히 말하지만 고릴라를 먹이기 위해 우리는 갈 것이오."

이처럼 사장이 배식시간을 재조정할 권한 자체를 포기하였다면 당신이라고 다를 것이 뭐가 있겠는가? 회사 내에서 사장이 되기를 열망하는 사람은 이러한 것들을 잘 알아야 하며 또한 이러한 관행에 한시바삐 익숙해져야 한다. 그래야 사장이 되었을 때 이러한 일을 당하더라도 충격이 덜할 것이다. 사람들을 사장감으로 단련시키기에 가장 좋은 타이밍은 바로 그들이 사무실로 걸어 들어올 때이다.

이러한 것은 모두 리더십의 기본적인 원칙에 바탕을 두고 있는 것인데, 즉 책임은 항상 날짜별로 지워져야지 얼마나 준비되었느냐로 지워져서는 안 된다는 것이다. 이것이야말로 직장 윤리의 핵심적인 내용이다. 완료일정이 늦어진다는 것과 프로세스 자체의 문제로 책임 자체를 회피하는 것과는 완전히 별개이다.

우리는 거의 매번 과업완수 일정을 맞추지 못하곤 한다. 이럴 경우 일정은 불가피하게 재조정되어야만 한다. 그러나 배식 일자가 단지 진척이 없다는 이유로 늦추어지는 일은 있어서는 안 된다.

부하를 평가할 때 12개월 이전에 다소 모호하게 잡아 놓은 과업 완료일정을 준수하느냐 여부도 중요하지만 매번의 배식 시간에 얼마나 충실한가도 그 못지않게 중요한 지표라는 사실을 명심하여야 한다.

설령 프로젝트의 완료가 12개월이나 늦어졌다 하더라도 그 중간에 전혀 예측하지 못했던 장애가 발생하였고 부하들이 이것을 극복하느라 그야말로 영웅적으로 분전한 일들이 그때그

때 배식시간을 통해 알려졌다면 그 업적은 치하를 받아야 마땅하지 않겠는가!

다섯 번째 룰

가능하면 원숭이는 대면접촉을 통해 먹이도록 하라. 그렇지 못하면 전화로 하되 우편을 통한 처리는 금물이다. 메모, 이메일, 팩스나 보고서 등도 가끔씩 이용이 가능하나 이것들은 결코 생생한 대화를 대신할 수 없다는 점을 명심하라.

당신이 원숭이와 고릴라 돌보기와 관련하여 앞서 열거한 네 가지를 배우고 직장으로 복귀한 날 복도를 걷다가 당신의 부하인 샘과 마주치게 되었다고 가정해 보자. 그가 당신 곁으로 오는 순간 이미 당신은 그가 무슨 말을 할지 알고 있다. 당신은 그가 당신의 응답을 듣고 지어 보일 표정을 보고 싶을 것이다.

말할 것도 없이 샘은 당신에게 이렇게 말할 것이다. "안녕하십니까, 우리 일에 문제가 좀 생겼는데요." 그러면 당신은 이렇게 대답한다.

"샘, '우리'에게는 문제가 없다네. 좀더 부연하자면 앞으로도

'우리'는 결코 문제를 갖지 않을 걸세. 그것은 자네의 문제이거나 나의 문제일 뿐이지 우리의 문제는 아니라는 말일세. 그러니 우선 그것이 누구의 문제인지를 파악하여 대명사를 보다 정확하게 사용하도록 하세. 만일 그것이 자네의 문제라면 나는 기꺼이 자네를 돕겠네. 그리고 그것이 나의 문제라면 자네가 나를 돕기를 바라게 되겠지. 그러나 그것은 우리의 문제는 아닐세. 자, 그 문제라는 것이 뭐지?"

이제 샘은 문제가 자신의 것임을 깨닫는다. 그러나 이것도 잠시뿐이다. 샘도 노련한 관리자로 이 정도에서 쉽사리 물러서지는 않는다. 어떻게 해서든지 당신을 다음 행동에 옭아매려고 동원할 수 있는 온갖 책략을 다 구사할 것이다. 샘은 30분에 걸쳐 애매하고 불분명한 용어를 총동원하여 당신에게 그 문제를 설명할 것이고 마침내 당신은 설명을 듣기 전보다 더욱 혼란스런 상태에 빠질 것이다.

당신은 문제가 당신의 것인지, 그의 것인지를 모르게 된다. 문제가 뭔지조차 모르게 될 뿐 아니라 다음 행동이 무엇인지도 모르게 된다. 30분이 지나고 나면 더 이상 시간을 지체할 수 없게 된 당신은 이렇게 말하게 될 것이다.

"샘, 핵심적인 문제를 지적해 줘서 정말 기쁘네. 벌써 30분이

RULE 5

오해를 피하라

나 얘기를 했지만, 이 정도로 이 문제를 깊이 있게 다루기는 어려운 것 같네. 어떤 결정을 내려야 할 것 같구만."

샘도 거꺼이 찬성한다. "당연히 그래야죠."

당신은 대답한다. "자네가 방금 얘기한 사항들과 그 밖에 이 문제와 관련된 사항들을 남김없이 서면으로 작성해 줄 수 있겠나? 그것들을 모두 한 페이지에 간략하게 정리해서 나에게 보내 주게."

당신의 이 같은 반응은 전에 없던 일이므로 샘은 다소 놀라면서도 기꺼이 그렇게 하고마고 대답한다.

당신은 그와 헤어질 때 귀밑까지 오는 웃음을 지으며 이렇게 자축한다. "샘이 다음 행동을 하게 됐지. 메모를 만드는 일."

그리고 그 날 오후에 당신은 샘의 사무실에 들러 머리를 안으로 들이밀고 이렇게 말할 것이다. "안녕 샘, 잘돼 가나?" 분명히 말하지만 쓴맛을 보게 되는 것은 당신 쪽이다.

다음 행동의 함정

다음 날 아침 당신은 사무실에 출근한다. 8시 45분이 되자 사무실 간 메일이 샘의 메모를 당신에게 전달한다. 당신은 그것을 읽는다. 맨 하단에 쓰여진 그의 서명까지 다 읽었다면 이제 다음 행동은 누구의 몫인가? 당신이다! 의문의 여지가 없다.

당신의 다음 행동이 그것에 대해 생각하는 것이든지, 그것을 파일에 정리해 두는 것이든지, 무시하는 것이든지, 찢어 버리는 것이든지, 내던져 버리는 것이든지 그것은 별개의 문제이다. 하여간 당신은 뭔가를 할 것을 요구받고 있다. 당신이 부하로부터 어떠한 메모를 받건 간에 그것은 으레 당신이 뭔가를 하도록 압력을 가하는 것이다. 이 경우 당신의 역할은 감독일까, 실무자일까? 실무자이다! 지금 샘은 감독의 역할을 차지한 것이다.

당신이 메모를 읽고 나서 10분쯤 지난 뒤 사무실 옆을 지나던 샘이 문으로 머리를 들이밀고는 이렇게 말한다. "안녕하세요? 제가 보낸 메모 받으셨죠?" 그는 지금 감독의 역할을 수행하고 있는 것이다.

"그래, 받았네." 당신의 감독님에게 훌륭한 보고서를 받아볼 수 있어서 감사한 듯이 당신은 대답한다.

"읽어보셨어요?"
"읽었지."
"어떻게 하실 건가요?"

그가 이렇게 묻는 순간 당신은 그 옛날 당신이 있던 자리로 정확히 되돌아가고 만다.

이메일 원숭이 통제하기

뭐가 잘못되었는가? 그에게 메모를 요구한 것이 잘못인가? 아니다. 당신이 그에게 메모를 요구한 행위는 지극히 사리에 맞는 일이었다. 서류화 작업이나 향후 일정 꾸미기 등은 당신의 기억을 새롭게 자극할 것이므로 나쁠 것이 없다. 그 부분은 괜찮다. 다만 "메모를 보내 주게"라고 말한 부분을 "메모를 들고 오게"라고 말했어야 한다.

지금까지 일어난 일을 이런 방식으로 다시 진행시켜 보자. 그리고 무슨 일이 일어나는지를 알아보자.

다음 날 아침 당신이 출근했을 때 샘은 메모를 가지고 당신의 사무실로 찾아온다. 그가 당신 쪽으로 걸어올 때 당신은 이같이 말한다. "오, 샘, 잠깐만 기다려 주게. 이리 와 앉게나. 메모를 따로 읽을 시간이 없어서 말이야."

메모도 절반의 대화이다. 원숭이는 두 사람 사이의 대화가 끝날 때 뒤따르게 될 다음 행동이다. 누군가가 당신에게 서명을 해서 메모를 넘겨준다면 당신은 다음 행동을 떠안게 되는 것이다. 매우 간단한 원리이다.

그러므로 그가 당신에게 줄 메모를 작성했다면 그를 붙들어 앉히고 대화를 개시하라. 그로 하여금 말을 오래하도록 만들수록 다음 행동을 그의 몫으로 돌릴 수 있는 기회가 늘어나게 되니까.

우선 당신은 그에게 이렇게 말한다.

"샘, 이 메모 하단의 서명은 자네가 한 건가?"
"예."
"자네가 이 메모를 작성했단 뜻이겠군."
"예."
"좋아, 메모를 내게 한번 읽어 주겠나?"

"읽어달라고요? 써놨는데요!"

"그러니까 자네가 그것을 읽기에 적격이지. 나는 자네가 그것을 읽어 내려가는 동안 유명한 키플링(Kipling)의 6하 원칙, 즉 누가, 언제, 어디서, 무엇을, 어떻게, 왜라는 의문순서에 따라 그 내용을 다시 한 번 점검해 보려는 걸세."

이 6하 원칙은 속지 않으려는 관리자라면 누구나 반드시 숙지하고 있어야 할 수단이다. 나는 샘이 정말로 나를 속이려 한다고 생각하지는 않는다. 그는 그런 사람이 아니다. 그러나 그는 예리한 역사학도이며 대단히 영리한 사나이이다.

그는 당신이 회사 안의 누군가에게 메모를 건네주는 순간 그것은 프린트되고, 이메일로 전송되어 매우 인용하기 좋은 형태로 변화한다는 사실을 잘 알고 있다. 즉 그것은 공식화되는 것이다. 그는 이러한 사실과 관련하여 몇 가지 뼈아픈 기억을 갖고 있다.

언젠가 그는 별 뜻 없이 메모를 그의 상사나 그 밖의 누군가에게 건네준 적이 있었는데, 4주 후에 전혀 예상치도 않았던 인물의 손에 그 메모가 들어가 있었다. 더욱이 그는 그 메모의 내용을 오해하고 있었고 잘못 인용하고 있었는데, 그 해독이 조직 내에 일파만파로 번져 나가고 있었다. 그래서 지금 그는 누군가에게 메모를 건네줘야만 할 때는 오해가 발생하거나 잘못 인용될 소지를 완전히 제거하는 것을 습관으로 삼고 있다.

오해가 발생할 소지를 완전히 제거한다는 것은 무슨 뜻인가? 이것은 지난 수백 년간 법률가들이 발전시켜온 기술인데 아무도 그 내용을 이해할 수 없도록 쓰는 것이다. 이렇게 되면 오해라는 것도 불가능해진다. 즉 전혀 알 수 없는 내용을 오해하기란 불가능한 것이다. 그래서 그는 이중화법이라는 테크닉을 구사한다. 그가 정말로 말하려고 하는 것은 메모에는 들어있지 않다. 행간에 숨어있을 뿐이다.

그러므로 그의 메모를 읽느라고 시간을 허비하지 마라. 그가 그것을 당신에게 읽어 주도록 시켜라. 이렇게 함으로써 당신은 행간에 숨은 내용 — 당신이 정말로 알고 싶어하는 그것을 파악할 수가 있다.

당신이 이렇게 한다면 그도 신이 나서 자기가 정말로 하고 싶었던 말을 쏟아 놓을 것이다. 이것이 눈과 눈을 마주치며 하는 대화의 장점이다. 이 사실은 널리 공표할 만한 가치가 있다. 메모란 당신이 말하고자 하는 것의 가이드라인을 제시할 뿐인 것이다.

보다 진실한 대화와 이해는 샘과 대화를 나누는 15분 동안에 가능하다. 당신이 시간을 절약할 요량으로 5분 동안 메모를 읽는 것으로는 미흡할 수밖에 없다.

내가 뭔가를 종이에 적어야 한다고 느낄 때는 오직 서류화가 중요한 의미를 지닐 때뿐이다. 그러나 상호 이해를 도모하거나 뭔가를 이해하기를 원할 때는 지면이나 이메일을 이용하지 않는 편이 좋다. 이해는 대화를 통해서만 가능하기 때문이다. 이해가 되고 난 후 이것을 서류화하고 싶다면 파일을 위해 메모를 작성할 수도 있을 것이다.

당신의 사무실에서 샘과 대화를 나누는 시간이 그의 메시지를 가장 잘 이해할 수 있는 기회이다. 그러나 대화가 오래 진행될수록 대화의 생산성도 서서히 감소하기 시작한다. 이러한 기미를 눈치채기 시작했을 때 마침내 샘은 이렇게 말한다. “그만 자리로 돌아가 하던 일을 계속해야 되겠는데요.”

“아니,” 당신은 말한다. “다음에 할 얘기는 자네와 내가 모두 다음 번에 자네가 무엇을 해야 하는지를 이 자리에서 확실히 해두는 일일세.”

“저, 제가 조금 바쁘거든요. 이 얘기는 30분 이내에 마무리

지으면 좋겠습니다."

"그것은 자네의 문제인데, 하여간 나도 기꺼이 돕겠네."

이렇게 되면 샘은 한시바삐 당신의 사무실에서 벗어나기 위해 이후 30분 동안 엄청난 창의력, 상상력, 정열과 추진력을 가지고 뭔가 의미있는 다음 행동을 제시함으로써 당신의 결심을 얻어 내려 한다. 그래서 필요는 창의력과 발명의 어머니라는 것이다.

이것은 다음과 같은 다섯 번째 룰을 재확인시켜 준다.

RULE 5: 가능하면 원숭이는 대면접촉을 통해 먹이도록 하라.

그렇지 못하면 전화로 하되 우편을 통한 처리는 금물이다. 메모, 이메일, 팩스나 보고서 등도 가끔씩 이용이 가능하나 이것들은 결코 생생한 대화를 대신할 수 없다는 점을 명심하라.

엉뚱한 방향으로 뛰어오르는 원숭이

대면 대화를 실행하는 과정에서 다음과 같은 의문이 생겨날 수 있다. 대화가 끝났을 때 실질적인 다음 행동이 당신의 몫이 되었다면 어떻게 하여야 하나? 예를 들어 당신의 부하인 밥과 대화를 하는 중에 다음 번 행동이 '재무담당 부사장을 접촉하는 것'이라는 데 인식을 같이 했다고 치자. 이 경우 문제는 누가 다음 행동을 할 것인가이다. 당신 또는 밥?

밥은 당신이 재무담당 부사장과 접촉을 가졌으면 한다. 그의 생각은 이렇다. 그 부사장은 자신의 지위에 따른 의전과 격식을 몹시 따지는 인물로 밥과 직접 대면하는 것을 기피한다는 것이다. 밥은 이 모든 것을 당신에게 조목조목 늘어 놓는다.

아마 그가 한 말은 모두 옳을 것이다. 그러나 밥이 당신을 조종하려 하고 있다는 것도 사실이다. 당신이 그 재무담당 부사장실에 들어가서 그와 얘기를 나눈다고 가정해 보자. 당신이 부사장실을 나섰을 때 밖에서 기다리고 있다가 "어떻게 됐습니까"라고 질문을 던질 사람은 누구인가? 물론 밥이다. 이 사실이 의미하는 바는 또 다시 밥은 감독자의 역할을, 당신은 실무자의 역할을 맡게 되었다는 사실이다.

그러므로 당신은 밥에게 이렇게 말하면 된다. "밥, 나도 우리 회사의 관행과 그 부사장의 신분의식에 대해서는 잘 알고 있네. 만일 자네가 혼자 그와 만나려 한다면 그는 몹시 꺼릴 뿐 아니라 뭔가 모욕당했다고 생각할 거라는 점도 잘 아네. 그러나 그렇다고 자네가 손뗄 수야 없지. 어쨌거나 자네는 그를 만나야 하네. 그러나 내가 만나는 자리에 같이 있어 주겠네. 그 부사장은 단지 자네가 나를 따라 온 정도로 생각하겠지. 그러나 우리는 그렇게 생각해서는 안 되겠지."

"물론이죠." 밥이 말한다.

당신과 밥은 함께 부사장을 면담한다. 이 경우 원숭이는 어디에 있는가? 밥의 등이다! 부사장실에 들어갈 때 밥의 등에 올라타 있던 원숭이는 나올 때도 여전히 그 자리에 머물고 있는 것이다.

얼마나 많은 고위층 경영자들이 조직 내의 계층격차를 빌미로 부하들의 심부름을 하고 있는지 모른다. 이 경우에도 부하들은 여전히 이렇게 말한다. "어떻게 됐습니까?" "빨리 해야죠." "뭔가 결정을 내리시죠." 부하를 함께 동행하라. 이렇게 하는 것이 그에게는 훌륭한 경영자 수업이 될 수도 있으며 무엇보다 원숭이가 엉뚱한 방향으로 뛰어오르는 일도 일어나지 않는다.

모든 원숭이는 자신의 방을 갖고 있다

모든 원숭이는 자신의 방을 갖고 있기 때문에 조직 하층부의 원숭이들이 뒤섞이는 일은 많지 않다. 어떤 놈들은 당신에게, 또 어떤 놈들은 당신의 상사에게, 그리고 일부는 당신의 부하들에게 속해 있다.

그런데 이놈들이 길을 잃을 경우 본래의 제 방으로 돌아가 법은 없다. 이럴 경우 원숭이들은 본능적으로 위를 향해 기어오르기 시작한다. 즉 본래의 장소로 돌아가는 것이 아니라 위로 향해 나아가는 것이다.

이렇게 원숭이들은 끊임없이 기어오르는데 이렇게 되면 수직적 피라미드 구조를 지닌 조직의 속성상 수백 마리의 원숭이가 기업본부라 불리는 작은 정점을 향해 기어올라가는 상황이 연출된다. 이것이 많은 사람들이 기업본부를 전체조직의 최대 병목지점으로 지적하곤 하는 진정한 이유이다. 즉 모든 원숭이들이 그곳으로 몰려들기 때문이다.

현장인력들은 당신에게 이렇게 말하곤 할 것이다. "본사로 뭔가를 보냈다 하면 감감 무소식이야. 아무런 답변이나 반응이 없어." 나는 그들에게 이렇게 말한다. "아무 일도 일어나지 않을 경우 당신이 손해를 볼 수 있는 과제는 절대 본사로 보내지 마라."

어떤 원숭이가 당신의 사무실에 소속되어 있다는 사실 때문에 당신의 부하들이 그놈들을 돌보고, 파일링하고, 그들을 다루는 방법에 관해 당신에게 아이디어를 제공하는 데 방해가 되는 것은 아니다.

여섯 번째 룰

RULE 6: 장문의 메모, 이메일, 보고서는 현장에서의 원활한 대화를 위해 한 페이지 이하로 요약되어야 한다.

여섯 번째 룰은 부하가 작성한 보고서나 이메일, 메모에 대해 그와 직접 대화를 나누라는 것이었다.

그런데 아까의 상황에서 다음 날 사무실에 출근해 보니 부하인 밥이 3개월에 걸쳐 작성한 35페이지짜리 보고서가 놓여 있는 상황을 가정해 보자. 이 보고서는 막대그래프, 파이차트, 외삽법을 이용한 지수곡선, 상관관계표 등이 포함되어 한

편의 석사논문처럼 완벽하게 작성되었다. 이것에 대해 대화를 시작하여야 할까? 불가능한 일이다! 그러면 어떻게 해야 하나?

여기에 대한 내 의견은 이것이다. 즉시 그에게 전화를 걸어 달려오게 한 후 보고서를 되돌려주고 이렇게 요청한다. "이 보고서를 한 페이지로 요약하는 데 얼마나 걸리겠나?" 아마 그는 어안이 벙벙해질 것이다.

그가 돌아올 때는 35페이지짜리의 보고서 위에 한 페이지로 된 요약본을 씌워서 가져올 것이다. 그는 당신이 보고서에 관심을 가져주기를 바라는 것이다. 그는 그것을 작성하기 위해 피땀을 흘렸다.

그는 그 두 가지를 당신에게 건넨다. 당신은 한 페이지로 된 요약본만 갖고 보고서는 그의 무릎 위로 되던져준다. 그리고 당신은 한 페이지의 요약본의 첫 문장을 읽기 시작하는데 전혀 이해가 되지 않는다. 그래서 당신은 이렇게 말한다. "밥, 이 첫 문장은 전혀 이해할 수가 없는걸."

그는 말한다. "35페이지 분량의 보고서를 한 페이지로 줄이는 것은 불가능합니다. 그 첫 문장은 보고서 앞 부분의 19페이

RULE 6

즉시

대화를 가져라

지를 요약한 것인데, 그 19페이지를 다 읽지 않고는 그 문장을 이해할 수 없습니다."

"그러면, 밥, 자네가 가진 보고서의 처음 19페이지를 내게 읽어 주게."

"농담마십쇼. 내가 그것을 다 읽어줄 필요가 어디 있겠습니까? 그것을 읽는 시간보다 훨씬 짧은 시간이면 다 설명해드릴 수 있는 걸요."

그가 그것에 대해 설명을 시작하면 당신은 중간중간에 누가, 언제, 어디서, 무엇을, 어떻게, 왜라는 6하 원칙에 따른 질문을 함으로써 손쉽게 핵심을 파악할 수 있다.

밥은 그의 의자를 당신 옆으로 당겨 앉아 각종 그래프와 차트를 보여 주고 여러 가지 내용들을 손가락으로 짚어 가면서 열심히 설명을 한다. 30분 후면 당신은 혼자 보고서와 씨름하면서 이해할 수 있었던 것보다 훨씬 더 철저하게 보고서의 핵심적 내용을 파악하게 된다.

이 과정이 끝나면 당신은 밥에게 이렇게 말한다. "밥, 정말 유익한 시간이었네." 밥이 일어나 가려고 할 때 당신은 이렇게 말한다.

“잠깐만, 밥, 뭔가 잊은 게 없나?”

“없는 것 같은데요. 뭐가 있나요?”

“자네의 35페이지짜리 보고서.”

“그건 당신 것입니다. 제가 당신에게 보고한 것이고 표지에도 당신의 이름이 적혀 있는 걸요.”

“그럴 수도 있겠지. 그러나 그것을 내가 보관할 이유가 없지. 자네가 가지고 나가게. 그리고 가는 길에 나의 비서에게 자네가 그것을 가지고 있다고 알려 주도록 하게. 그러면 그녀가 따로 노트를 만들어 나에게 속한 다른 모든 것들과 함께 그녀의 컴퓨터 파일 속에 저장해 둘 걸세.”

그 보고서는 그의 파일에 보관될 것이다. 만일 그것이 나의 파일에 들어간다면 내가 그것을 찾지 못하게 될 가능성이 있다. 그러나 밥이 가지고 있으므로 나는 그것의 소재를 확실히 아는 셈이 된다. 그 보고서가 내 캐비닛 속에 있고 내가 그것을 못 찾는 일이 생긴다면 이것은 곧 지연이다. 그러나 그것이 밥의 캐비닛에 있는데 내가 필요로 할 때 그가 찾지 못한다면 그것은 불복이 된다. 그리고 그 보고서가 그의 캐비닛에 있어야 그가 그것으로 뭔가를 할 수가 있다고 생각되지 않는가!

그러므로 장문의 보고서에는 언제나 요약서가 첨부되어 있어야 한다. 요약서는 대화를 원활하게 할 뿐 아니라 보고서의 핵심을 빨리 이해할 수 있도록 돕는 역할을 하기 때문이다. 요약서가 없는 장문의 보고서는 반드시 읽고 요약해야만 대화가 제대로 이루어질 수 있다. 대화의 기본적인 목적은 보고서를 읽을 때 생겨날 수 있는 난해한 점들을 해소하는 것, 그리고 보고서 전문을 읽지 않고도 실질적인 다음 행동을 확정짓는 것 등이다.

비즈니스는 행동지향적이어야 한다. 원인이 없다면 결과도 없다. 행위가 없는데 결과가 있을 수는 없는 것이다. 단순히 결과에 대해서만 집착하는 것은 작심삼일로 끝나곤 하는 신년 결심보다 나을 것이 없다. 조잡한 결과를 초래할 뿐이다.

그럼에도 불구하고 어떤 사람들은 그들이 무언가에 열정적으로 몰두하기만 하면 열정 자체만으로도 결과가 생겨날 수 있다는 근거 없는 믿음을 지니고 있다. 목표만 강조하고 행위를 무시하는 사람은 과학적인 인과관계의 원칙을 올바르게 이해하지 못하고 있는 것이다. 그들은 목표를 원인으로, 결과를 영향으로 오해하고 있다.

한 가지 결과에 지금부터 9개월간 몰두하는 것과 그러한 결과를 달성할 수 있도록 오늘 또는 내일 실행할 구체적인 과업에 몰두하는 것은 별개다. 결과에 대한 몰입은 결과의 효과적인 원인이 될 수 없다. 목표달성을 지향하는 구체적 행위들만이 효과를 가져온다.

관리자들은 목표일자가 저 멀리 있는 목표에 열정적으로 몰두하는 경향이 있다. 그러나 그 목표를 지향하는 구체적인 다음 행동에 관심을 기울이지 않는다면 성공을 기대하기는 어렵다. 다음 행동을 분명히 말할 수 있을 때, 행동이 숫자로 표현될 수 있을 때, 실행에 돌입했을 때, 생겨날 수 있는 애매함이 완전히 제거되었을 때 비로소 실적증대는 현실로 나타나게 된다.

프로 경영자의 부하육성법

당신은 원숭이를 긁어모으는 여러 가지 유형들을 살펴 보았다. 그들을 붙잡는 일은 너무나 쉽다. 그래서 당신은 알지도 못하는 사이에 수십 마리의 원숭이를 모으곤 하며 그 결과 퇴근할 무렵이 되면 부하들로부터 인계 받은 원숭이들이 컴퓨터 주변에 득실거린다.

그런데 이 지점에서 당신은 스스로에게 이렇게 자문할 수도 있을 것이다. "다른 대안이 있는가? 나는 일들을 관리하고 사람들을 감독한다. 결국 원숭이를 모으는 것은 나의 업무라고도 할 수 있는 것 아닌가?" 물론 때로 그 말도 맞다. 그러나 항상 그런 것은 아니다.

당신은 아마추어 관리자에 의해 원숭이들이 어설프게 관리되는 모습을 보았으며 프로 관리자가 자신들의 원숭이 수효를 적절히 조절하는 모습도 보았다.

원숭이란 양측의 대화가 마무리될 때 따르는 다음 행동이라는 사실을 명심하라. 그것은 단지 문제나 프로젝트를 말하는 것이 아니다. 그렇다고 프로그램도 아니다. 그것은 프로젝트나 프로그램 또는 문제 내에 포함된 다음 행동이다. 이것이 원숭이의 전부다. 그리고 모든 원숭이는 두 부분, 즉 실행해야 할 부분과 감독해야 할 부분으로 나뉘어져 있다.

어설픈 원숭이 관리의 진면모는 당신이 부하에게 "생각해 보고 알려 주겠네"라고 말할 때 잘 나타난다. 이렇게 말함으로써 당신은 부하로부터 책임을 떠맡은 것이며 그에게 진척사항을 보고할 것을 약속한 것이다. 당신은 그 일에 관한 한 부하를 상사로 인정한 것이다. 당신이 누군가로부터 책임을 떠맡고 그에게 진척사항을 보고하기로 약속했다면 그 사람은 그 일을 체크할 권리를 가진 것이나 다름없다. 그리고 체크란 '실무자'가 아닌 '관리자'의 몫인 것이다.

그러므로 당신이 부하로부터 원숭이를 떠안는다면 다음과 같은 두 가지 일이 일어난다. 첫째, 부하가 당신을 감독하도록 하였다. 그리고 둘째, 그들이 자신들의 업무를 수행하는 것을 방해하였다.

두 번째 쟁점을 한번 생각해 보자. 누군가가 신속하게 의사결정을 안 해 줘서, 또는 필요로 하는 정보를 제때에 제공 받지 못해서 업무를 제대로 수행할 수 없게 된다면 당신은 어떻게 느낄 것인가? 불만스럽지 않겠는가? 당신의 부하들도 마찬가지이다.

그리고 이처럼 불만스럽고 화난 상태에서는 높은 생산성이나 품질을 기대할 수 없음은 당연하다. 당신은 그들의 불만에 관심을 갖지 않으면 안 된다. 그리고 당신 자신에게 일어나는 일에 대해서도 관심을 가져야 한다. 조직 내에서 '대형 걸림돌'이 되어 가고 있는 자신에 대해서 말이다. 많은 사람들에게 많은 약속을 해 놓고 지키지 못한다면 스스로도 찜찜하게 느끼지 않을 수 없을 것이다.

그러나 이것은 악순환의 시작에 불과하다. 찜찜해진 당신은 더 많은 원숭이를 떠안으려 할 것이며 부하들의 불만은 더 커진다. 이렇게 되면 당신은 더욱 불안해진다. 이러한 순환을 끊는 방법은 무엇일까? 부하의 업무를 대신 수행하는 것이 당신의 업무가 아니라는 점을 기억하는 일이다.

당신이 진정으로 해야 할 일은 그들이 최선을 다해 자신들의 일을 해낼 수 있도록 기운을 북돋아주는 일이다. 이것이 이른바 '원숭이를 돌보고 먹이는 일'이다. 이것은 부하들에게 적절하게 권한위양을 함으로써 당신 자신의 원숭이 수효를 알맞게 유지하도록 돕는 시스템이다.

그 핵심적인 내용 몇 가지를 요약해 보자.

우리는 앞서 개개 원숭이를 살려둘 것인가를 결정할 때 전체 원숭이 숫자가 너무 많아지지 않도록 신경을 써야 한다는 사실을 배웠다.

당신이 관리하는 원숭이 숫자가 너무 많아지면 그 중 일부는 결국 당신의 등에서 죽고 말 것이다. 모든 원숭이가 살 필요는 없다. 일부는 사살되거나 자연스레 죽음을 맞이할 수도 있음을 잊어서는 안 된다.

그러므로 당신이 해야 할 첫 번째 일은 각각의 원숭이가 그것에 시간을 들일 만큼 가치가 있는지를 판단하는 것이다. 특정 프로젝트나 제안서가 현실성이 있는가? 그 일은 꼭 처리되어야 할 일인가? 당신이 직접 해야 할 일인가? 당신 부하들 중 누군가가 해야 할 일인가? 아니면 다른 부서의 사람이 해야 할 일인가? 당신은 원숭이와 마주칠 때마다 이 같은 질문들을 자신에게 던져 보아야 한다.

그리고 일단 원숭이를 먹이기로 결정했어도 지속적으로 다음과 같은 질문을 해보아야 한다. 이 원숭이는 먹일 만한 가치가 있는가, 아니면 사살하는 게 좋은가? 먹이기로 결정한 원숭이는 대개 왕성한 번식력을 갖는 경우가 많다는 사실을 명심해야 할 것이다.

당신의 능력 이상으로 많은 수효의 원숭이를 떠맡아서는 안 된다. 너무 많은 원숭이를 떠맡았다가는 다 부양할 수가 없게 된다. 결국 당신 주변에는 아무런 보살핌도 받지 못한 채 굶주린 원숭이들이 들끓게 될 것이다.

당신의 눈앞에는 성공보다는 실패의 가능성이 더욱 가까이 다가온다. 왜냐? 당신의 과업 중 어느 하나에도 시간과 에너지를 제대로 집중시킬 수가 없기 때문이다. 이것은 기업의 입장에서 보아도 그리 바람직한 상태가 아니다.

모든 일을 자신이 할 필요는 없다. 굶주려 소리지르는 원숭이에 둘러싸여 살아가느니 '언컨의 원숭이 관리시스템'을 활용함으로써 일을 안전하게 부하들에게 위임하는 편이 낫다. 우리는 당신이 그렇게 하도록 하는 방법을 알고 있다.

위임을 제대로 하기 위해서는 우선 코치와 안배의 예술을 이해해야만 한다. 위임을 제대로 배운다면 당신은 능히 원숭이를 통제할 수 있을 것이며 그것들을 건강하게 유지할 수도 있을 것이다.

그러나 어떤 관리자들은 부하들에게 많은 책임을 부여한다는 사실을 몹시 언짢게 여긴다. 사실 부하들이 자기신뢰를 형성하는 데 가장 큰 장애물은 그들에게 일을 맡기고 늘상 불안해 하는 당신이다. 그래서 당신의 품을 떠난 각각의 원숭이에 대해 자유로움의 수준을 평가하는 일이 필요하다.

언컨의 자유도는 이러한 위임관리를 위해 이용될 수 있는 수단이다. 자유수준 1과 2인 상태를 벗어나 원숭이가 부하의 등에서 항시 머무르도록 할 수 있다면 당신은 권한위양을 하면서도 그다지 불안해 할 필요는 없다. 과제나 상황에 따라 차이는 있겠으나 당신은 걱정스럽지 않을 정도로만 위임을 하게 될 것이기 때문이다. 물론 부하나 과제에 따라서는 아주 조금만 재량권을 부여하게 될 수도 있을 것이다(자유수준 3).

여기서 중요한 것은 효과적인 코치이다. 코치는 사람들을 계발한다. 원숭이를 그저 마구잡이로 부하들에게 뿌려 줄 수는 없는 노릇이다. 먼저 부하들이 그놈들을 잘 다룰 수 있도록 훈련시켜 놓지 않으면 안 된다. 부하들의 능력 한도 내에서 책임과 행동의 자유를 위임한다는 데에 언컨의 자유척도의 비법함이 숨어 있다. 부하들이 과업을 자율적으로 수행하도록 허락해라. 그러나 그들이 필요로 할 때 도움이 될 수 있도록 주변에 있어 주어라.

처음에는 어떤 부하들이 남들보다 더욱 훌륭하게 원숭이를 돌보는 일도 있을 것이다. 그러나 당신이 그들 모두와 함께 일을 하는 동안 그들이 문제나 기회를 제대로 파악하고 해결책을 도출하고 구체적인 다음 행동을 찾아낼 수 있는 능력을 소유하게끔 도와 주게 될 것이다.

당신은 언컨의 원숭이 관리시스템을 이용함으로써 효과적이고 안전한 권한위양을 시행할 수 있을 것이며 사람들에게 성장할 수 있는 기회를 주고 더욱 책임감을 갖도록 북돋을 수 있을 것이다. 이 일이 잘 되면 당신은 보다 많은 여유시간을 가지고 당신이 해야 할 일을 처리할 수도 있게 될 것이다.

그러므로 원숭이는 부하에게 맡기되 무의식 중에 그놈들을 떠안는 일이 없도록 하라. 때로 원숭이는 매우 교묘하게 움직

인다. 당신이 전혀 생각지 않았던 상황에서 당신의 등으로 뛰어오를 수도 있다는 것을 잊지 않도록 하라.

원숭이를 누군가에게 안겨 주었다면 반드시 이것을 챙길 수 있도록 스케줄을 마련하라. 이렇게 해야 예상치 않았던 돌발 변수를 최소화할 수 있고 당신의 일정관리에도 문제가 없게 된다. 이것은 원숭이를 관리하고 그놈들이 본래의 주인과 계속 함께 있는지 확인하는 유용한 방법이기도 하다.

이 책에 쓰인 모든 것은 당신이 업무의 내용과 타이밍을 어떻게 올바르게 통제해 나갈 것인가를 부하들과의 관계라는 측면에서 기술하고 있다. 이제 당신은 언컨의 시간 관리전략을 활용하여 원숭이 수효를 조절하는 방법을 다 배운 셈이다. 당신은 멀리서 당신을 향해 달려오는 원숭이를 알아볼 수 있을 것이며, 더욱 중요한 것은 그놈들이 무작정 당신의 등에 올라타는 일을 막아 낼 수 있을 것이다.